爱上语文

王崧舟 著

齊魯書社

图书在版编目（CIP）数据

爱上语文 / 王崧舟著. -- 济南 ：齐鲁书社，2019.7
ISBN 978-7-5333-4134-3

Ⅰ.①爱… Ⅱ.①王… Ⅲ.①语文课－中小学－课外读物 Ⅳ.①G634.303

中国版本图书馆CIP数据核字(2019)第132942号

爱上语文

AISHANG YUWEN

王崧舟 著

主管单位	山东出版传媒股份有限公司
出版发行	齊魯書社
社　　址	济南市英雄山路189号
邮　　编	250002
网　　址	www.qlss.com.cn
电子邮箱	qilupress@126.com
营销中心	（0531）82098521　82098519
印　　刷	山东金坐标印务有限公司
开　　本	720mm×1020mm　1/16
印　　张	15
字　　数	180千
版　　次	2019年8月第1版
印　　次	2019年8月第1次印刷
印　　数	1–30000
标准书号	ISBN 978-7-5333-4134-3
定　　价	45.00元

自序

PREFACE

上《百家讲坛》，于我，既非梦寐以求，亦非痴人说梦，只能用一句俗到不能再俗的俗话来形容——做梦也想不到。

做梦也想不到，却真实发生了：

从2018年5月到2019年7月，我在《百家讲坛》主讲《爱上语文》，共计12集。

现在回想我在《百家讲坛》讲语文，依然跟做梦一样。

当初，接到《百家讲坛》的邀请，压力是可想而知的。记得制片人那尔苏老师与我面谈时，不断向我提问：

这个选题能发挥你的最大优势吗？

你的讲述既能被初中生喜欢、又能被大学教授认可吗？

每隔5分钟就能引发观众新的期待吗？

讲语文还有没有更好的故事？

哪个角度的正能量会更大些？

如何保证文化品位？

能激发观众的深入思考吗？

……

总编导李伟宏老师是选题策划的灵魂人物。第一次构思选题时，我定位在“被误读的语文”上，李老师说，这个角度有新意，但容易引发争议；我调整为“语文的魅力”，李老师说，讲魅力固然充满正能量，但似乎又少了一点冲击力；我又改为“揭秘语文”，李老师说，揭秘倒是能夺人眼球，但难免有故弄玄虚的嫌疑；我重新定位成“语文的文化品格”，李老师说，从文化的角度讲语文，跟“百家”的栏目宗旨相吻合，也跟整个时代大潮相呼应，但会不会有点学究气？

在北京面谈时，李老师说，我们这个选题的定位是不是应该考虑三个维度：

第一，要有让人亲近的温度；

第二，要有超越学科的高度；

第三，要有扎根文化的厚度。

李老师最后建议，是否将选题定位为“爱上语文”。正是这个定位，奠定了我的创作基调，锚定了我的思考重心，确定了我的研究主线，厘定了我的搜索范围。

爱上语文，应该是“超越学生”的语文。这档节目，不光要让现在的学生爱上语文，也要让曾经的学生爱上语文，对象不能囿于在校学生，应该是全社会的，要让全社会都来重视语文，促进公民语文素养的提升。

爱上语文，应该是“超越学校”的语文。学校的语文，常常跟刷题、考试连在一起，某种程度上切断了语文跟生命之间的联结。这档节目，就是要让广大观众重新看见语文背后的人，让语文丰盈精神、启迪智慧、净化心灵、成全生命。

爱上语文，应该是“超越学科”的语文。语文，不只是教科书上的语文，也不只是课堂上的语文。生活的外延有多宽，语文的外延就有多宽；文化的内涵有多深，语文的内涵就有多深。这档节目，应该反映大语文、全语文的传统精髓和时代精神。

循着这一定位，我如履薄冰却又如有神助地开始了痛并快乐着的创作之旅。我先后完成了：

第一集：学语文就是学文化；

第二集：看不见人怎么看得见语文；

第三集：书读百遍真能其义自见吗；

第四集：这样学语文才有味道；

第五集：学语文就是精神返乡；

第六集：学语文需要转化密码；

第七集：推敲语文就是推敲思想；

第八集：未经思辨的语文毫无价值；

第九集：用“三只眼睛”看语文；

第十集：学语文就是学做人；

第十一集：像苏轼那样用语文成全自己；

第十二集：语文学习的三重境界。

随着创作的不断深入，压力渐渐舒缓，自己的内心愈来愈宁静、愈来愈澄明。

在创作“推敲语文就是推敲思想”的时候，有一个声音告诉我，不要在推敲的结论上纠缠，那样用力，无异于作茧自缚；要在推敲本身上推敲，要不断敲碎推敲，那样用心，才是思考的胜境。于是，这一讲的思路变得豁然开朗：敲碎韩愈的结论——敲碎朱光潜的结论——敲碎推翻韩愈的结论——敲碎推翻朱光潜的结论。最终留给观众的，不是结论，而是一条伏延千年的思想轨迹。沿着这条轨迹，观众自己将会踏上一条推敲语文的康庄大道。

《爱上语文》的创作，让我又一次遇见一个新的自己。我清醒地意识到，一旦看清焦虑和恐惧不过是一个能量紧缩的自己，那个纯净、空明的觉知才是更真实的自己。那么，所有的挑战和压力，就能马上转化为能量紧缩的自己与纯净、空明的自己的对话。创作的激情和灵感，都会像深潜地下的泉水一样汩汩溢出。仿佛不是自己在创作，而是一个更高的智慧在替你思考、替你想象、替你完成一个又一个看似不可能的精彩讲述。

"学语文就是学做人"，是自己创作进程中最具挑战性的话题。稍有不慎，这个话题就有可能抬高道德、消解语文，沦为一种伪圣化的道德说教，为观众所不齿。我的创作一度陷入僵局，焦虑又一次开始在全身蔓延。

转变的契机，来自平心静气的阅读。我跟自己说，先停一停，先接受这个僵局，然后放下它，去读书，带着一种空明的觉知去读书。我没有做过精确统计，大体估算，创作1万字左右的一集讲稿，至少需要100万字左右的阅读量作支撑。正是心无旁骛、聚精会神的高密度、大容量的阅读，将我导向了思接千载、视通万里的语文天地。

僵局不攻自破，有个声音在提醒我：语文就是语文，语文不是语文，语文还是语文。刹那间，我有一种周身经络被突然打通的感觉。郑板桥的《竹石》诗，自动呈现出三个层次：第一层次，见竹是竹；第二层次，移情于竹；第三层次，人与竹化。我紧紧抓住板桥笔下"竹"这个意象，从竹的特征讲到人的品格，从人的品格讲到文化的品格，最终达致"心与物化、天人合一"的境界。整个讲述，没有一点道德说教的色彩，但是，做一个什么样的人、怎样做人，却润物无声一般渗透在每一个层次的讲述中。

那一刻，我才意识到：那个更高的智慧不是神，就是我自己。“那个我”如如不动地烛照着我，又生生不息地滋养着我。

此前，“那个我”被经验压制着、被焦虑遮蔽着，呈现出一种萎缩的状态。《爱上语文》的创作体验，让我又一次发现：只有对语文充满敬畏，语文才会以最高的诚意向我敞开她的全部奥秘；而语文的所有奥秘，最终揭示的不过是生命的奥秘。

爱上语文，就是爱上自己。

语文唯一要确证的，也是唯一能确证的，就是“那个我”。

录完最后一集《爱上语文》，我走出央视新大楼，向它深深地鞠了一躬。我知道，对于《百家讲坛》而言，这次录制无非是在星光灿烂的主讲嘉宾榜上添加了一个21画的名字而已；对于收看《百家讲坛》的观众而言，这档节目也无非是在精彩纷呈的文化题材上增加了12集无足轻重的内容罢了。

但是，唯独对于我，她不再只是一个符号、一档节目，她成了我生命中不可分割的部分，她甚至成了我那个当下、那个时刻全部的生命、生命的全部。

我在《百家讲坛》，确证了“那个我”。

对此，我唯有深深的感恩。

感恩《百家讲坛》制片人那尔苏老师、总编导李伟宏老师、后期制作的王琛、王洛霏、郭宁、刘宇、张以晴、贺源等编导，他们为我的创作和讲述指引方向、指点迷津，并以他们的智慧和敬业提升了《爱上语文》的品质；

感恩我的弟子林志芳、彭才华、冯琛莉、杨桂敏、吴学军、郑梨花、黄磊、楼琳、王梦雅，他们为我提供了不少珍贵的创作素材，开阔了我的阅读视野，启迪了我的创作思路；

感恩我工作室的助手何平，她为我精心打理日常的研修事务，使我得以集中精力专注于节目的创作；

感恩杭州师范大学，正是他们的信赖和举荐，使我幸运地成为杭师大第一个登上《百家讲坛》的老师；

感恩齐鲁书社，我的讲稿《爱上语文》能在这里出版，是一种莫大的荣幸；

最要感恩的是我的太太和女儿，是她们的爱给了我不竭的创作动力。

王崧舟

2019年7月

目录 CONTENTS

爱上语文 AI SHANG YU WEN

学语文就是学文化

一

我们这本书，是说语文的。

为什么要说语文？

语文太重要了！

语文的重要性无论怎么说都不为过。

第一，对广大中小学学生来说，语文是学好其他各门学科的基础，是基础的基础，基础不牢，地动山摇。

第二，对任何一个普通人来说，语文是我们日常生活中最重要的交际工具，没有语文，我们可能寸步难行。

第三，对每个中国人来说，语文是我们的母语，是每个中国人的精神家园。

第四，对我们这个民族来说，语文是三千年中华文化最重要的载体，而语文本身又是三千年中华文化最重要的结晶。

三国时期的曹丕，说过一句跟语文有关的话：

盖文章，经国之大业，不朽之盛事。

套用曹丕的话，我们也可以说，盖语文，经国之大业，不朽之盛事。

爱上语文，天经地义。

在我们的语文里，最具中国特色、最有文化含量的当然是流传千年的经典；在流传千年的经典中，最美丽、最有魅力的当然是中国古典诗词。它们就是我们语文皇冠上最璀璨的明珠。

爱上语文，从爱上古典诗词开始。

古典诗词应该怎么去学呢？为什么我们学了那么多古典诗词还是没有文化呢？又有哪些古典诗词一直被误学着而我们却浑然不觉呢？为什么魅力无穷的古典诗词在我们学来却索然无味呢？我们学古典诗词的最终目的究竟是为了什么呢？

我们这本书，就想试图寻找这些问题的答案。

但这不是我们的最终目的。最终目的是什么呢？

由探寻古典诗词的学习，进而探寻祖国语文的学习。

语文应该怎么去学呢？为什么我们学了那么多年语文还是没有文化呢？又有哪些语文一直被误学着而我们却浑然不觉呢？为什么魅力无穷的语文在我们学来却索然无味呢？我们学语文的最终目的究竟是为了什么呢？

指月示人，当应观月。

二

每个中国人都要学语文。从小学到高中，我们至少要学十二年的语文。如果按照课时来算，中国人学语文的时间一般都不会少于2500个课时。

不得不说，在中小学的所有学科中，语文占的时间一定是最多的，我们学语文花的时间也一定是最多的。

但是，占了最多的课时，花了最多的精力，我们的语文又学得如何呢？

早在1978年，语文教育大家吕叔湘先生就指出：

十年的时间，二千七百多课时，用来学本国语文，却是大多数不过关，岂非咄咄怪事！

吕先生所讲的咄咄怪事，一晃四十年了，解决了吗？有人说，死水微波；有人说，牢不可破；有人说，千言万语只好沉默。

一边是太重要了！一边却是太失望了！

但鲁迅先生在他的《希望》中说过这样的话：

绝望之为虚妄，正与希望相同。

既然绝望和希望皆为虚妄，那么，与其绝望地对待语文，我们何不以希望的眼光重新审视语文呢？

我们来看一首家喻户晓的古诗——《画》。

这首古诗在“统编本”小学语文第一册。我们知道，“统编本”

是目前全国唯一通用的语文书。也就是说，只要读过小学一年级，你就一定知道这首诗：

远看山有色，
近听水无声。
春去花还在，
人来鸟不惊。

《山径春行图》 宋·马远

很多人以为这首古诗的作者是唐朝的王维。这是因为，苏轼曾经这样评价过王维的诗与画，他说：“味摩诘之诗，诗中有画；观摩诘之画，画中有诗。”这首诗，无论从内容还是从风格的角度看，似乎都应该出自王维之手。

很多人以为这首古诗的内容就是在写一幅画。你看，诗的题目就叫《画》；你看，诗的内容，如果第一句“远看山有色”还不太明显，那么，第二句，“近听水无声”，就有“画”的意思了，到了三、四两句，“春去花还在，人来鸟不惊”，写“画”的意图就非常明显了。

其实，我们全搞错了！

先说作者。作者不是王维，这是百分之百确定的。作者是谁呢？作者叫道川，这也是百分之百确定的。道川又是谁呢？道川不是唐朝人，是南宋人。道川的身份比较特殊，是个和尚，准确一点说，是个禅师，而且是个大禅师。中国禅宗有一部著名的典籍叫《五灯会元》，里面就记载了道川的事迹。

再说内容。这首诗根本不是写画的，那它写什么呢？我们先来看看这首诗的原貌：

远观山有色，近听水无声。
春去花犹在，人来鸟不惊。
头头皆显露，物物体元平。
如何言不会，只为太分明。

这在写什么？恐怕我们不一定读得懂。其实，这首诗写的是道川禅师解读《金刚经》的体悟。严格说来，在佛经里面，这类诗不叫诗，叫“偈”，叫“颂”，也叫“偈颂”，它其实是一种唱词。

全诗一共八句，句句写的都是道川对《金刚经》中“实相非相”的体悟，进一步说，是对“明心见性”的体悟，也就是对悟道之后的境界的体悟。按照禅宗的说法，要悟道，就不能着相。一旦执着于世间万相，肯定悟不了道。所以《金刚经》上说：“凡所有相，皆是虚妄。若见诸相非相，即见如来。”

有人说，这个太高深了，我们读不懂。必须承认，这首偈确实非常高深，对我们这些凡夫俗子来说，确实读不懂。但我们不能因为自己读不懂，就跟着别人一起说，这首诗就在写“画”。无论读得懂读不懂，对这首诗的基本事实我们难道不应该尊重吗？

也有人说，语文书里只选了这首诗的前半部分，已经不是道川的原诗了，在内容的解读上当然就有变化。如果不是站在原诗的角度，而是就节选的诗来看，那么，说它写的是画也未尝不可。

我们当然不是要否定语文书编写的这首古诗。事实上，一年级的孩子非常喜欢这首叫作《画》的古诗，他们读得朗朗上口、津津有味。你要问问孩子们，这首诗写的是什么呀？他们一定会异口同声、煞有介事地告诉你——画！

那么，问题出在哪儿呢？

问题就出在少了一个注释。

既然，这首诗的作者是明确的，出处是明确的，原貌也是明确的，为什么不在我们的语文书里加上这样一个注释呢？

本文作者为南宋道川禅师，选作课文时有改动。

有人问，这是要干吗？

我们说，**留一颗种子，一颗禅文化的种子。**

我们都知道，禅是中国文化的精髓，也是世界文化的瑰宝。这倒不是说，要让一年级的孩子去学禅。而是说，第一，有了注释，就知道了真正的作者；知道了真正的作者，就留下了一个接触禅文化的机会。第二，有了注释，就知道诗是经过改动的；知道了诗是经过改动的，就留下了一个想进一步知道原诗的悬念，这就为亲近禅文化播下了一颗生命的种子。至于孩子们什么时候去做深入了解，什么时候开始接触并亲近禅文化，那要看他们各自的机缘，不是我们语文教材、语文教学管得了的。

但是，加上注释还是不加注释，却不是一个语文技术的问题，而是一个文化自觉的问题。

三

学语文，正见是第一位的。

何谓“正见”？就是正确的观念、正确的见地。

学语文就是学文化。这是我们要谈的第一个正见。

宋代的王安石写过一首诗，叫《泊船瓜洲》，选在小学六年级的语文书上：

京口瓜洲一水间，
钟山只隔数重山。
春风又绿江南岸，
明月何时照我还。

《京江送别图》（局部） 明·沈周

如果我们认同“学语文就是学文化”，那么，我们也会认同“学古诗更是学文化”。这是因为，一方面，古诗承载着非常丰厚的中国文化；另一方面，古诗本身就是一种非常典型的中国文化。

举个例子，这首诗的第一句“京口瓜洲一水间”，本来，按照诗意的理解，最后一个“间”字应该读四声，“间隔”的“间”，是“隔开”的意思，京口和瓜洲被一条长江隔开了。但是，这样一来，你就违反了中国古诗的格律和平仄。这是一首“仄起平收”的七绝诗，那么，第一句的平仄格律就必须是“仄仄平平仄仄平”。“京口”是“仄仄”，“瓜洲”是“平平”，“一水”是“仄仄”，最后一个“间”是“平”，所以必须读成一声，这个读平声的“间”解读的时候是读仄声的“间隔”之意。如果你直接把“间”读成四声，就犯了“出韵”的毛病，这对诗家来说是一种大忌。

这就是一种典型的文化现象。为了成全语文的音乐性，我们的汉语有时宁可破坏语法，宁可打乱句序，宁可改变词性，宁可暂时牺牲本音。

所以，如果你对中国古典诗词所蕴含的文化缺乏必要的敏感和敬畏，学语文很可能闹出笑话来。

这还只是一个小小的韵脚问题，如果涉及整首诗意境和文化的解读，就更需要我们保持敏感、保持敬畏。

比如，《泊船瓜洲》这首诗我们可不可以这样来教、这样来学呢?

第一步，改诗。

老师先给学生讲一个故事，故事讲的是王安石自己如何修改这首诗。大家都觉得“春风又绿江南岸”这句诗写得特别棒，特别是中间的这个“绿”字，更是妙不可言。但是，这个“绿”字，王安石是怎么想到的呢？一开始，王安石写的不是“绿”字，而是“到”，“春风又到江南岸”。但是，“到”字不好，又改成“过”，“春风又过江南岸”，不好。改成“入”，“春风又入江南岸”，不好。改成“满”，“春风又满江南岸”，还是不好！王安石就搁下了，不改了，因为找不到灵感了。突然有一天，王安石翻看唐人诗集的时候，看到了这样的诗——“东风何时至，已绿湖上山”。他就觉得这个“绿”字用得特别好，于是，“春风又绿江南岸”就这样敲定了。

老师讲故事的意图，是想让学生明白一个道理：好诗往往是改出来的。为了让学生进一步明白这个道理，他让学生也来改一改这个“绿”字。结果，全班50多个同学，真是不改不知道，一改吓一跳，竟然改出50多个字来。一个把“绿”字改成了“抱”，“春风又抱江南岸”。一个把“绿”字改成了“拥”，“春风又拥江南岸”。一个改成了“亲”，亲切的“亲”，“春风又亲江南岸”。一个改成了“吻”，接吻的“吻”，“春风又吻江南岸”。

一个改得更加出奇，把“绿”字改成了“哄”，“哄逗”的“哄”。问她为什么这样改，孩子解释：冬天是个恶魔，江南是个小孩儿。冬天这个恶魔非常可怕，又是刮风又是下雪，把江南这个小孩儿折磨得死去活来、奄奄一息，眼看着快没命了。就在这时，江南有个姑姑叫春风，春风姑姑来了，把冬天这个恶魔赶走了。然后，春风对江南说：“孩子！孩子！快醒醒！快醒醒！姑姑来了，姑姑把冬天这个恶魔赶走了。姑姑还给你带来了温暖，你赶紧醒醒吧！”于是，诗就改成了“春风又哄江南岸”。

第二步，辨诗。

老师鼓励学生拿自己改的字跟王安石的“绿”字做比较，看有没有人觉得自己改的字超过了王安石的“绿”字。结果，有一个孩子说，自己改的“艳”字，“鲜艳”的“艳”，比王安石的“绿”字要好。

当然也有孩子不同意、不认可。于是，两个人就争辩了起来。

“我问你三个问题，你要是回答得上来，我甘拜下风。你要是回答不上来，你就得承认，我比王安石厉害。”“行！你只管问，别说三个，三十个我都不怕！”

“第一个问题，你知道桃花、梨花、迎春花是什么时候开的花？”“这我知道，春天开的呗！”

“对！没错！第二个问题，桃花什么颜色？”“粉红色。”“梨花呢？”“雪白色。”“迎春花呢？”“好像是金黄色吧？”

“没错，恭喜你，全答对了。第三个问题，也是最后一个问题，请问，春天的时候，桃花、梨花、迎春花是先开花还是先长叶呢？”

赞成“绿”的那个孩子傻了，班里其他同学也都傻了！

那个孩子就说：“春天的时候，桃花、梨花、迎春花都是先开花后长叶。”他又说：“所以，你们想一想，春风来了，是先艳呢，还是先绿呢？”

言下之意，他的这个“艳”字比王安石的“绿”字更符合事实。

第三步，疑诗。

老师听那个孩子说得还是很有道理的。就对学生说，看来，王安石的这个“绿”字还真有些问题。要不，你们再仔细读一读这首诗，说不定诗中还有别的问题。

结果，真有学生发现了问题。

一个说，“春风又绿江南岸”，不对。春风来了，难道江北岸就不绿吗？我觉得，要绿大家一块儿绿，要不绿大家一块儿不绿。所以，这一句应该改成“春风又绿江两岸”。

一个说，“明月何时照我还”，也不对。这说明王安石缺乏安全意识。晚上怎么可以行船呢？第一，黑灯瞎火，万一不小心撞上什么，麻烦就大了；第二，那个时候天下不太平，经常有强盗出没，万一半路杀出一伙强盗来，叫天天不应，叫地地不灵，你咋办呢？所以，这一句应该改成“白日何时照我还”。

这样学诗，学生当然学得津津有味；老师呢，当然也教得开开心心。但是这样一来，这首诗的审美情感就被稀释了，诗中所承载的丰富的文化意蕴就被放逐了。这样学诗，别说学一首，就是学一百首、一千首，恐怕也学不出文化来。

四

有人说，是不是你把学生放开了就出问题了？想怎么改就怎么改，想怎么问就怎么问。高铁还得有轨道，飞机还得有航线呢，学生在课堂上撒了野似的，能学到什么文化呢？

这是把责任往学生身上推，肯定不对。学语文，就应该放开，就应该开放。不是说，生活的外延有多宽，语文的外延就有多宽嘛。想掌控学生、压制学生、操纵学生，语文肯定学不好。

那么，问题到底出在哪儿呢？

我们再来看一首诗。

“统编本”语文教材推荐了135篇必背的古诗文，其中一首，就是柳宗元的《江雪》：

千山鸟飞绝，
万径人踪灭。
孤舟蓑笠翁，
独钓寒江雪。

《寒江独钓图》（局部） 宋·马远

学古诗，就是要放开，就是要开放。放开了，学生的真实情况才能暴露出来；开放了，语文才能跟生活、生命连在一起、打成一片。

既然放开，那就得让学生把真实的问题提出来，哪怕在我们成人看来貌似不可理喻、胡搅蛮缠、强词夺理。其实，学生提出的一些貌似无理的问题，恰恰可能蕴藏着巨大的成长契机、育人价值。

比如，学《江雪》这首诗，就有学生提出这样的问题："既然天这么冷，雪这么大，这个老头为什么还要出来钓鱼呢？"

这是一个非常真实的问题。请问，您遇到这样的问题会怎么办？

我们来看看一位语文老师是怎么教的。这位老师的第一反应是沉默。可能，这个问题他真没有想过；可能，他心里有底但要想想怎么引导；可能，他觉得这个问题一定不只是一个孩子的问题，通过沉默，引发其他学生的关注和思考。总之，他沉默了一阵子。接着，他开口说话了，他说："天这么冷，雪这么大，你们觉得这个渔翁他真的在钓鱼吗？"

这一问，绝对是一石激起千层浪啊！你看，学生的思考，是顺向的，老人披着蓑衣、拿着钓竿，当然是在钓鱼呀。至于他为什么钓鱼，当然是可以猜的呀。这是一种顺向的思考，在诗的表象上兜圈子。但是，老师这么一问，方向完全相反了。那潜台词就是，这个渔翁极有可能不是在钓鱼，如果不是钓鱼，那他这是要干吗？这是一种逆向的思考，那就可能带着学生进入这首诗的意蕴。

一旦进入意蕴，就触及这首诗的文化了。

当然，光有这一问还是远远不够的。因为，如果没有背景材料的支撑，学生哪怕想上一万年，恐怕也不可能想出个所以然来。于是，老师给学生提供了一份资料——柳宗元生平简介。

这份资料，是学生思考“诗言志”的支点。果不其然，小手一只一只举了起来。

第一位说：“我明白，这个渔翁是在锻炼自己的意志！天那么冷，雪那么大，一个人独钓寒江雪，这是一种意志的考验。”

第二位说：“我觉得渔翁是在欣赏美丽的雪景。‘千山鸟飞绝，万径人踪灭’，大地一片白茫茫的，多么纯洁，多么干净。”

第三位说：“我发现，这个渔翁非常孤独。你看，这首诗每一句的开头第一个字连起来，不就是四个字——‘千万孤独’。”天呐！难道这还是一首藏头诗！老师读三十来年了，对于藏头的玄机竟然毫无反应。老师说，如果柳宗元要找知音，这孩子就是他的知音。《江雪》者，子厚以自寓也。诗中的蓑笠翁，代表和象征的，不正是生活中的柳宗元吗？那个时候的柳宗元，能不孤独吗？他参与王叔文政治集团搞变革，结果以失败告终。他被一贬再贬，那时已经被贬到湖南永州。当时的永州，人烟稀少，文化落后，属于蛮荒之地。和柳宗元同去永州的，有母亲、妻子、堂弟、表弟等。在永州，他们无处可住，只能寄宿龙兴寺。不到半年，母亲就撒手人寰。而他的政敌们，继续造谣诽谤，把他丑化成“怪民”，加上几次无情的火灾，严重损害了柳宗元的健康。说他“千万孤独”，真是再恰当不过了。

第四位说：“我认为渔翁不是在钓鱼，他是在钓一个春天。你想，冬天到了，春天还会远吗？”好！柳宗元的第二个知音找到了。

如果这首诗有诗眼，那就是“独钓寒江雪”的“钓”字。《江雪》中的渔翁，是一种士大夫精神的象征。达则兼济天下，穷则独善其身。居庙堂之高，则忧其民；处江湖之远，则忧其君。总之，他们要追寻的是这样一种人生境界：先天下之忧而忧，后天下之乐而乐。在这里，钓是隐忍，钓是期待东山再起，钓是举世而誉之而不加劝、举世而非之而不加沮。这是意志，这是境界。

这样学诗，一首就有一首的文化。这样学诗，一首一首学下去，文化一点一点积淀下来，集腋成裘，聚沙成塔，即使不说文化自信，我们孩子的文化自信也一定是满满的！

五

现在，我们可以回头说说王安石的《泊船瓜洲》了。

不是有学生质疑王安石一点安全意识都没有吗？不是建议王安石白天行船晚上泊船吗？

学生提出这样的质疑，很真实，很正常。这样的质疑有没有价值呢？当然有！它至少暴露了两个非常重要的学情：

第一，说明学生对王安石这首诗的背景情况一无所知，孟子主张，知人论世当以意逆志，不了解王安石当时的处境和背景，怎么可能深入理解这首诗，尤其是“明月”这个意象呢？

第二，说明学生的思维路径出了问题，他们用的是一种实用思维、理性思维，而我们知道，“诗有别材，非关书也；诗有别趣，非关理也”。诗怎么可以这么实用、这么理性地去读呢？那还叫诗吗？那是在读历史、读地理、读旅游指南了。

读诗的思维，是一种形象思维、一种感性思维、一种审美思维，它一定是超越实用的，否则，就没有诗了。它不是没有理性，但是理性不能单独站出来说话，理性像盐一样，融化在诗的意象中，渗透在诗的情感中，最后是以一种妙悟的方式呈现出来的。

王安石怎么可能没有安全意识？王安石写这首诗的时候，刚刚恢复“同中书门下平章事”这个职务，听起来是不是有点怪怪的。其实，这个职务就相当于“宰相”。你想，一个再次拜相的人，安全能有什么问题？他的这句诗“明月何时照我还”，落点在一个“还”字上。“还”哪儿？还故乡啊！还故乡与亲朋好友团聚、团圆啊！那么，为什么非得是明月才能与还乡、团圆联系在一起呢？

这就必须说到我们这个民族特有的一种文化现象——明月文化。

有人说，不懂明月，枉为中国人。“明月”这个意象在中国古典诗词中出现频率是非常高的。而这个明月，既是自然的明月，更是文化的明月；既是天上的明月，更是人间的明月；既是历史的明月，更是当下的明月。关于明月的文化，我看写上几大部书都不一定说得清、说得尽。

三国时期的曹丕写过一首《杂诗》：

漫漫秋夜长，烈烈北风凉。

展转不能寐，披衣起彷徨。
彷徨忽已久，白露沾我裳。
俯视清水波，仰看明月光。
天汉回西流，三五正纵横。
草虫鸣何悲，孤雁独南翔。
郁郁多悲思，绵绵思故乡。
愿飞安得翼，欲济河无梁。
向风长叹息，断绝我中肠。

《对月图》（局部） 宋·马远

在这首诗中，我们看到了这样两个意象，第一个意象是“仰看明月光”，第二个意象是“绵绵思故乡”。正是这首《杂诗》，第一次将明月和思乡联系在一起，开创了我们这个民族见月思乡的文化传统。

他的弟弟曹植写过一首《七哀诗》，前四句是这样写的：

明月照高楼，
流光正徘徊。
上有愁思妇，
悲叹有余哀。

我们发现，这时候的明月，不再是一种无情的自然现象，而是被曹植拟人化、人情化了，她不但以皎洁的清光抚慰着离人的灵魂，而且还成了离人的知己，陪你守望，听你倾诉。

南北朝的谢庄，在他的《月赋》中写过这样的歌词：

美人迈兮音尘阙，隔千里兮共明月。
临风叹兮将焉歇？川路长兮不可越。

我心爱的美人啊，你是如此的遥远，音书断绝，芳尘难觅。我与你远隔千里，身边的风物山川都不一样，却共有这同一轮明月，这真是你我的幸运。我在望着这轮明月，相信你也正在望着它吧？一个“共”字表明，月亮已经成为双方交流情感的中介物，可以跨越千里，互传相思。

到了唐朝，明月与思乡怀人就自觉地联结在一起了。李白的《静夜思》，大家早已耳熟能详：

床前明月光，疑是地上霜。
举头望明月，低头思故乡。

睹明月而思乡怀人。这种联想、这种情怀、这种民族文化，外国人很难理解，怎么看到明月就思乡，看到太阳就不想呢？中国人不用说，大家都是心有灵犀一点通啊！

比如杜甫的《月夜忆舍弟》：

戍鼓断人行，
边秋一雁声。
露从今夜白，
月是故乡明。
有弟皆分散，
无家问死生。
寄书长不达，
况乃未休兵。

《梅下赏月图》　清 · 余集

我们知道，杜甫的老家在河南，而写这首诗时，他正在甘肃避安史之乱。河南上空的月亮跟甘肃上空的月亮怎么会不一样呢？故乡的月亮为什么会更明亮呢？其实，这跟科学无关，跟情感有关。这不是自然现象，这是我们民族的文化现象。

宋朝，写明月的第一等高手非苏轼莫属。“人有悲欢离合，月有阴晴圆缺，此事古难全。但愿人长久，千里共婵娟。”其实，关于“明月”，苏轼还有一首《江城子 · 乙卯正月二十日夜记梦》写得更感人。妻子王弗已经去世整整十年了，苏轼突然有一天做梦，见到了妻子，醒来以后，泪湿枕边：

十年生死两茫茫，不思量，自难忘。千里孤坟，无处话凄凉。纵使相逢应不识，尘满面，鬓如霜。　　夜来幽梦忽还乡，小轩窗，正梳妆。相顾无言，惟有泪千行。料得年年肠断处，明月夜，短松冈。

“肠断”，这是悲伤到了极点。什么时候最悲伤？明月夜；什么地方最悲伤？短松冈。为什么非得在明月夜最肠断、最悲伤呢？这就是我们这个民族特有的文化现象，这就是明月文化长期浸润的结果。

明月跟乡愁、明月跟故园总是紧紧连在一起，不离不弃。

明月并非自古以来就一直与思念相关。它本来只是一个无情的自然物，是在一代又一代才华横溢的诗人手中，一点一点与思念、与思乡融为一体的。这个缓慢的积淀过程，塑造了我们民族对月亮的独特情感，这与其他许多民族是迥异的。当我们仰望那一轮明月，不由地思念故乡、思念亲友，我们要明白，这是曹丕、曹植、谢庄、李白、杜甫、苏轼的明月，这是中国人的明月。

王安石的“明月何时照我还”，只有放在这样一个历史语境、文化语境当中，才能得到准确解读。否则，就成了大话、成了戏说。

孩子缺少文化积淀，不怕，慢慢读，慢慢积累，总会有的；就怕语文老师缺少文化底蕴，丧失文化自信，陷在实用主义、技术主义的泥潭里不能自拔。

从根本上说，学语文就是学文化；语文老师，应该是一位文化的点灯者、传承人。

看不见人怎么看得见语文

一

有一年，我给学生上古诗《枫桥夜泊》，这是唐朝诗人张继的代表作。张继流传下来的作品很少，总共不到50首吧。在星光灿烂的唐代诗人中，张继既算不上大家，恐怕也算不上名家。但正是《枫桥夜泊》这首千年绝唱，让我们知道了张继，知道了枫桥，知道了寒山寺的千年钟声。

张继的《枫桥夜泊》是这样写的：

月落乌啼霜满天，
江枫渔火对愁眠。
姑苏城外寒山寺，
夜半钟声到客船。

《月下泊舟图》 明·戴进

我上课讲完这首诗，现场听课的一位语文老师向我提问，说我教这首诗有两个地方教错了。哪两个地方教错了呢？

第一，“江枫”教错了。他说，“江枫”不是江边的枫树，“江枫”

是苏州段运河上两座桥的合称，一座叫“江村桥”，一座就是“枫桥”，合称“江枫”。他特别强调，现在去寒山寺景区，还能见到这两座既精致又古朴的石拱桥。

第二，“愁眠”也教错了。“愁眠”不是写因愁失眠的人，“愁眠”是写山的，对着寒山寺不远处，就有一座山，叫“愁眠山”，又叫“孤山”，这座山现在也还在呢。

我说，您说的这两点我都知道。这就是最近几年对《枫桥夜泊》提出的所谓新解吧。如果把这首诗当作地理课、考古课来上，也许我就照着您刚才讲的这个意思上了。但是，不好意思，我现在教的是诗，是古诗，是中国古诗，是流传千年的中国古诗，那我一定不能这么上。

照您这么上，不知会有多少美丽的古诗因为“科学考据”之名而跌入万劫不复的深渊啊！

比如杜牧的《江南春》，第一句就漏洞百出了，“千里莺啼绿映红”。千里莺啼，您怎么听得到？难不成您长了一对传说中的“顺风耳”？千里绿映红，您怎么看得见？难不成您还长了一双神话中的“千里眼”？

明朝一个叫杨慎的人，他曾写过《三国演义》开篇引用的那首《临江仙》：

滚滚长江东逝水，浪花淘尽英雄。是非成败转头空。青山依旧在，几度夕阳红。　　白发渔樵江渚上，惯看秋月春风。一壶浊酒喜相逢。古今多少事，都付笑谈中。

写《临江仙》的杨慎就觉得“千里”不对，应该是“十里”才说得通。好吧，就算是“十里”，我看也悬。十里之内，莺啼声声，您听得到吗？方圆十里，桃红柳绿，您看得见吗？如果照着这种“科学考据”的思路继续分析下去，“十里”还不行，顶多“三里”，前提是诗人自己还不能是那种目昏耳聩之人。

于是，《江南春》第一句就得改写成——“三里莺啼绿映红”。请问，这还算是诗吗？倒可以算是科学考察笔记，又严谨又仔细。

再比如，孟浩然的《春晓》：“春眠不觉晓，处处闻啼鸟。”既然自己都说春夜酣睡、不觉天晓了，咋还能听到鸟鸣声声呢？莫不是自己在梦中相闻？

所以，照这样科学考据似地剖析下去，这首诗同样漏洞百出。如果要说得通，那么，“眠”应该是“不眠”，“不觉”应该是“觉”。因为，不眠才能觉，觉才能闻啼鸟，觉才能知风雨，觉才能感花落。而且，这个春夜还得从头到尾不能睡觉。完了，孟浩然为了写出这首诗，得熬上一个通宵才行。

对此，作家刘金发出这样的感慨：

> 这样的“新解”，把一字一词都落实到具体事物上，结果就会使诗的意境全失，兴味索然。这样的考证、新解，即使不是牵强附会，也是以牺牲诗的艺术为代价的。

我觉得关键还不在这里。那在哪里呢？这样的新解，人不见了，人没有了。人没有了，要诗还有何用？人不见了，诗的存在还有什么意义呢？

回到《枫桥夜泊》。

“江枫”如何解呢？虽说“诗无达诂”，但毕竟还是“多元有界”。这个界，就是“以诗解诗”。“以诗解诗”的第一个“诗”，指的是诗性、诗味；第二个“诗”，指的是诗歌本身。以诗性、诗味来解诗，才是正道、常道。

“江枫”作为一种意象，必须为整首诗的意境营造服务。整首诗笼罩着一种愁绪，看到愁绪就是看到了人。而愁绪又不能自己站出来说话：我很愁啊！我非常愁啊！我十二万分愁啊！我愁到不能再愁了啊！因为这样一说，直了，白了，诗的味道就没有了。

那得怎么说呢？愁绪得通过各种诗的意象来说话。譬如，通过月落，通过乌啼，通过霜天；再譬如，通过江枫，通过渔火，通过钟声。那么，问题来了，是把“江枫”解作“江村桥和枫桥”，还是解作“江畔的枫树”能流露出诗人的愁绪呢？简单地说，哪种意象更配“愁”？配得上“愁”，或者说配合着“愁”呢？

中国古典诗词的很多意象，貌似某种自然现象，譬如：明月、夕阳、杨柳、黄花、大雁、游鱼等，其实不然，这些意象都承载着一代代诗人的相同体验、共同感受。

就以“枫树”为例，作为一种诗歌意象、情感意象，它不断出现在不同诗人的相同心绪中。

白居易的《琵琶行》中有“枫树”：

浔阳江头夜送客，枫叶荻花秋瑟瑟。

这里的“枫叶”，就是一种心情落寞的意象。

张若虚的《春江花月夜》中有“枫树”：

白云一片去悠悠，青枫浦上不胜愁。

这里的“青枫”，就是一种万古惆怅的意象。

杜甫的《秋兴八首》中有“枫树”：

玉露凋伤枫树林，
巫山巫峡气萧森。

这里的“枫林”，就是一种内心凄凉的意象。

总之，它们都跟诗人的愁绪、忧心联结在一起。

一脉相承，张继的“江枫”，只有把它解作“江畔的枫树”，才配得上“愁”，才配合着“愁”，这就是一种文化共感、精神母题。

《虞山枫林图》 清·王翚

二

其实，《枫桥夜泊》之所以超群当时、流声后代，以至于影响波及东南亚，甚至入选日本的教科书，还有一个非常重要的因素，就是诗中所写的“钟声”。“半夜钟”作为一种诗歌意象，虽非张继首创，但正是张继的《枫桥夜泊》诞生之后，“半夜钟”才成了一代又一代诗人借以咏怀抒情的又一个具有母题性质的意象。

人们往往赋予文化以时间性，在时间范畴内讨论和思考文化问题，这就是文化的时间意识。

当我们带着学生进入张继的《枫桥夜泊》时，不能只局限于他创作这首诗时的那个当下、那个时刻，我们甚至可以打破一首诗的基本阅读模式，让它重新回到时间的长河之中，在一个更为开阔的时空背景下感悟这首诗的精妙所在。

我们甚至可以从现在这个时间节点开始进入这首诗。

当代词作家、诗人陈小奇的《涛声依旧》中，就写到过这样的钟声：

流连的钟声
还在敲打我的无眠
尘封的日子
始终不会是一片云烟

我们让时间逆流，回到清朝。早在三百多年前，清朝诗人王士禛在自己的一首《夜雨题寒山寺寄西樵、礼吉》的诗中，就写到过这样的钟声：

十年旧约江南梦，独听寒山半夜钟。

我们让时间继续逆流，回到明朝。早在六百多年前，明朝诗人高启在他的一首诗《泊枫桥》中，就写到过这样的钟声：

几度经过忆张继，
乌啼月落又钟声。

《澄江寒月图》 元·赵雍

我们让时间继续逆流，回到宋朝。早在八百多年前，宋朝诗人陆游在他的诗作《宿枫桥》中，就写到过这样的钟声：

七年不到枫桥寺，客枕依然半夜钟。

当“半夜钟”如此直观、如此清晰地出现在时间的纵轴线上，学生的质疑就是一件再自然不过的事了：

为什么一代又一代的诗人都要写钟声？

为什么一代又一代的诗人所写的钟声都是在夜半时分？

为什么一代又一代的诗人所写的钟声都跟寒山寺连在一起？

这个时候进入《枫桥夜泊》，就是带着一种学习的愤悱状态进入诗歌，就是带着一种时间意识、文化意识进入诗歌。那么，学生就不仅仅是跟张继一人在对话，而是跟张继们、跟钟声文化进行对话。

学习《枫桥夜泊》可以这样进入，还可以这样出来。那就是，以张继这首诗诞生的时间节点为标准，让时间顺流而下。

四百多年过去了，张继笔下寒山寺的夜半钟声在陆游的诗中悠悠回荡：

七年不到枫桥寺，客枕依然半夜钟。

六百多年过去了，张继笔下寒山寺的夜半钟声在高启的诗中悠悠回荡：

几度经过忆张继，乌啼月落又钟声。

九百多年过去了，张继笔下寒山寺的夜半钟声在王士禛的诗中悠悠回荡：

十年旧约江南梦，独听寒山半夜钟。

一千二百多年过去了，张继笔下寒山寺的夜半钟声在陈小奇的诗中悠悠回荡：

流连的钟声
还在敲打我的无眠
尘封的日子
始终不会是一片云烟

钟声不断，那是因为文化不断。文化不断，那是因为钟声作为一种独特的生命体验、心灵感悟，已经不再仅仅属于张继一人，而成了同一种文化语境下一代代诗人共同的生命体验、心灵感悟。

张晓风在《不朽的失眠》中这样写道：

感谢上苍，如果没有落第的张继，诗的历史上便少了一首好诗，我们的某一种心情，就没有人来为我们一语道破。

落第是否真的就是张继创作《枫桥夜泊》的缘起，还有待考证。但是，这首诗“道破了我们的某一种心情”倒是明明白白的实情。

那么问题来了，张继道破的究竟是一种什么心情呢？

历来解诗的人，基本上把这种心情聚焦在“对愁眠”上。事实上，这种心情，张继也确实叠用了一连串密集的意象加以抒写——

“月落”生愁、“乌啼”听愁、“霜天”映愁、“江枫”弄愁、“渔火”照愁，最终汇聚到“愁眠之人”，可谓“载不动、许多愁”了。

但是，倘若这首诗只是抒写“愁情”，那么，纵观几千年的中国诗学和诗史，则张继的《枫桥夜泊》绝对上不了传世经典的排行榜。

这首诗，最终让一代又一代的人们惦记和回味的不是这“许多愁”，恰恰是那一声声敲打、撞击着张继无限愁绪的寒山寺的“夜半钟声”。张晓风所言的“某一种心情”在张继的诗中并未一语道破，相反，寒山寺的夜半钟声倒是真真切切地勾起了人们的另一种心情，那曾经被尘世蒙蔽、被功名掩埋了的一种内在的宁静和澄明。

是的，“钟声”被张继发现并赋予其特定的生命体验之后，这一“意象”从此在古典文化丛林中占据了难得的一席之地，并一次又一次引发后人的精神共鸣和心灵回应。

有人说，愁绪这种心情，学生体会起来不难。但是，钟声的生命意蕴和文化内涵要让学生体会，恐怕会比较难。真的如此吗？

我在课上放手让学生来写：“这悠悠传来的钟声，仿佛在对一夜无眠的张继说些什么呢？”

我们不妨听听小学五年级的孩子是怎么体会、怎么想象的。

一个孩子这样写道：

> 张继啊张继，不要觉得孤独，天地间万物虽若有若无，可现在有钟声陪你做伴，有何可愁的呢？放下一切不开心之事，放下人情的冷，放下不应有的愁与仇，心静自然凉。

好一个放下！唯有放下，才有快乐；唯有放下，才有自在。

另一个孩子这样写道：

> 张继啊张继，你心里想说的那千言万语只有我这钟声能静听；你那孤寂的心情，也许只有我这钟声能明白；你那思乡的情感，也许只有我这钟声能体会。那么，就让我来陪伴你吧！

好一位深情款款的钟声。

又一个孩子这样写道：

> 张继啊张继，不要忧愁，不要孤寂，这钟声能带给你快乐的心情。假如生活欺骗了你，不要烦躁，不要发愁，拾起快乐和自信，保持好心情，挺过这个难关，快乐的日子就会来到。

这是激励的钟声，让人振奋！让人昂首向上。

我们知道，寺院叩钟的目的，在于提醒修行人，要精进用功，破除自己无始以来的贪嗔痴烦恼；同时以深切的慈悲心，让钟声上彻天堂，下通地府，使听到钟声的有情众生，都能明心见性，得到解脱。

《枫桥夜泊》的确写了愁眠，但张继在诗中刻意写到钟声，写到夜半钟声，写到姑苏城外寒山寺的夜半钟声，显然不会是要给寒山寺做一次免费的广告，尽管这首诗在客观上的确成了寒山寺最诗意、最经典、最恒久的广告，但张继在那一刻，却是借钟声抒写了另一种心情。

如果，愁眠是烦恼，那么，钟声应该是菩提。

人们当然不愿意沉溺在愁眠的烦恼中不能自拔，于是，钟声悠扬，声声入耳；钟声空灵，款款入心；钟声澄净，绵绵入神。

更妙的是，钟声敲醒的觉悟，张继并未一语道破。就像愁眠，也未道破一样。于是，钟声在时间的无涯的荒野中悠悠回荡，一代又一代诗人从中听到了属于他自己的生命觉悟、心灵体验。

这也是孩子们对钟声能写出属于他们自己的感悟的原因所在。

三

从某种意义上讲，陆游也罢，高启也罢，王士禛也罢，陈小奇也罢，还有我课堂上的那些孩子也罢，他们都是钟声的知音，都是张继的知音。

唯知音才能倾听，唯知音才能体认，唯知音才能共鸣、共感、共同融入。

说到知音，就必须说一说文言文《伯牙绝弦》：

> 伯牙善鼓琴，钟子期善听。伯牙鼓琴，志在高山，钟子期曰：“善哉，峨峨兮若泰山！”志在流水，钟子期曰：

"善哉，洋洋兮若江河！"伯牙所念，钟子期必得之。子期死，伯牙谓世再无知音，乃破琴绝弦，终身不复鼓。

《高山流水图》（局部） 明·仇英

伯牙绝弦这个故事，可以说是中国知音文化的滥觞。

但是，要成为这个文本的知音，并且成为知音文化的知音，却不是那么简单的一件事情。

譬如，有学生读了这个故事以后就提出问题：既然子期已经死了，伯牙痛哭一场，哀悼一下，每年清明祭奠祭奠也就可以了，为什么非得把这么好的古琴给摔破，还终身不复鼓，有这个必要吗？这是不是很傻很天真啊？

再譬如，有的老师在给学生上这堂课的时候，煞费苦心地为学生设计出这样一个思考练习来，据说目的是为了帮助学生更好地理解“伯牙所念，钟子期必得之”这句话的意思。

练习是怎么设计的呢？

因为故事说，当伯牙鼓琴志在高山的时候，钟子期马上就能说出“峨峨兮若泰山”来；当伯牙鼓琴志在流水的时候，钟子期又能马上说出“洋洋兮若江河”来，那么，伯牙鼓琴一定不仅仅志在高山、流水呀，而钟子期能听出的也一定不仅仅是若泰山、若江河呀。还会有什么呢？老师就给学生提供一些词语：杨柳依依、白云悠悠、清风徐徐、明月皎皎、小溪潺潺、芳草萋萋……

老师先问：伯牙鼓琴，志在杨柳——

学生呢，就依照课文中现成的句式，接答：钟子期曰：“善哉，依依兮若杨柳！”

老师接着问：伯牙鼓琴，志在白云——

学生接着答：钟子期曰：“善哉，悠悠兮若白云！”

依次往下，还有：

善哉，徐徐兮若清风！

善哉，皎皎兮若明月！

善哉，潺潺兮若小溪！

善哉，萋萋兮若芳草！

我们暂且不说这样的训练有多少思维含量，也暂且不说这样的训练能否真的加深学生对“必得之”的理解，我们只说这种训练有可能对知音文化产生的误读。

我们知道，就知音文化的显性符号来看，无疑，“高山流水”就是它唯一的纯正的标志。

当我们单说“高山”，那就是海拔意义上的高山；当我们单说“流水”，那就是自然意义上的流水。但是，**当我们连说“高山流水”的时候，高山就不再是高山，流水也不再是流水，高山流水成了知音的代名词，或者说，高山流水就是知音的另一种称谓，这是一种文化现象，而且，这是中国文化特有的现象。**

但是，问题来了，为什么只有高山流水能够成为知音的标志符号，杨柳白云却不是，清风明月却不是，小溪芳草却不是呢？

这是因为，文化现象的背后还有文化。

知音的本质，不是知其音声，而是知其音声背后所抒发的人生志向、生命境界。即，知其所志、知其所念。所谓不懂琴声，乃是不懂鼓琴者的心志也。

那么，伯牙的心志是什么呢？钟子期听懂了，峨峨兮若泰山！大家知道，就海拔高度而言，有比泰山高得多的山，比如喜马拉雅山、昆仑山。有人会说，人家说的是中国的五岳。其实，五岳之中，海拔最高的也不是泰山，而是西岳华山。那为什么钟子期还要这样说呢？

在中国文化语境中，五岳为群山之尊，泰山为五岳之长。这跟历朝历代的帝王去泰山封禅有关，因为只有登上泰山祭拜天帝，皇帝才算受命于天，才能成为天子。所以，泰山成了中国文化的最高峰。孔子“登泰山而小天下”，杜甫“会当凌绝顶，一览众山小”其实都是从文化意义上讲的。那么，当钟子期说，峨峨兮若泰山的时候，显然，他讲的不是海拔的高度，而是文化的高度。这种借琴声抒发的像泰山一样的志向才是伯牙鼓琴的真正志向。

同样的道理，钟子期又说，洋洋兮若江河。“洋洋”也不是自然意义上的辽阔无边，因为有比长江、黄河更辽阔的，比如东海、南海，比如太平洋、大西洋，但这些都没有长江、黄河在中国文化语境中来得辽阔，因为“江河”在这里特指长江、黄河，是中华民族的母亲河，华夏文明的主体是黄河文明和长江文明，这是其他任何水态所无法比拟、无法撼动的。显然，这里讲的不是地理的广度，而是文化的广度，这种借琴声抒发的像江河一样的志向才是伯牙鼓琴的真正志向。

有个成语叫“志存高远”，通过伯牙的琴声，钟子期知道伯牙就是这样的人。这才是知音文化的本质所在。

回头看老师让学生练习的这些意象，无论杨柳白云，还是清风明月，在中国文化语境中，都不具备这样的文化意蕴。因此，都不可能成为知音文化的显性标志。

“伯牙绝弦”自《吕氏春秋·本味》篇中开始记载，成为中国知音文化的滥觞。从此，历朝历代，知音不断被人传扬、被人感叹。

汉朝的《古诗十九首·西北有高楼》中，就有这样的诗句：

不惜歌者苦，但伤知音稀。

东晋的陶渊明在他的《咏贫士七首》（其一）中，就有这样的诗句：

知音苟不存，已矣何所悲。

南北朝的鲍照在他的《月下登楼连句》中，就有这样的诗句：

嗽玉延幽性，攀桂藉知音。

唐朝大诗人李白在他的《赠从弟宣州长史昭》中，就有这样的诗句：

知音不易得，抚剑增感慨。

宋朝的欧阳修在他的《玉楼春》中，就有这样的诗句：

未知何处有知音，常为此情留此恨。

元朝的王冕在他的《客边》（其二）中，就有这样的诗句：

知音无处问，冷落七弦琴。

明朝的女诗人朱妙端在她的《篱落见梅》诗中，就有这样的诗句：

可怜不遇知音赏，零落残香对野人。

清朝的余鸿在他的《黄海杂兴》中，就有这样的诗句：

钟子难逢谁识我，高山流水慕知音。

现代编剧华而实为电影《知音》的插曲作词，就有这样的词句：

人生难得一知己，千古知音最难觅。

《携琴访友图》 清·上睿

可以说，这两句歌词，“人生难得一知己，千古知音最难觅”，道出了几千年来人们吟咏知音的全部心声。从这么多历朝历代吟咏知音的诗句中，我们感受到的正是那种“高山流水，知音难觅”的落寞和无奈。

正因为知音如此难遇、难觅，而视精神共鸣、灵魂相伴为人生最高境界的伯牙们，才会以这样一种如此决绝的方式——破琴绝弦，终身不复鼓，去祭奠自己的知音，且往往是人生唯一的知音。

也因此，学生的问题，只有放在时间的长河中，放在我们这个民族对精神生活永恒的追寻中，才能找到真正的答案。

张继的钟声、伯牙的琴声，都在呼唤文化意义、精神意义上的知音。而从根本上讲，要成为别人的知音，你首先得成为自己生命的知音。

那么，我们学语文呢，就应该努力成为语文的知音。用心倾听语文的钟声、文化的琴声，即便还不能成为知音，那么，这个倾听的过程，也足够我们遇见一个更有文化底蕴的自己了。

在成为自己生命的知音中，我们成为语文的知音、文化的知音。

书读百遍真能其义自见吗

一

经常有人问我，读诗词到底有没有具体的方法。我只能说：读诗有法，但无定法。运用之妙，存乎一心。

我说说自己是怎么读诗词的吧。比如，清朝有一位大词人叫纳兰性德，他写过一首词，叫《长相思》：

山一程，水一程，
身向榆关那畔行，
夜深千帐灯。
风一更，雪一更，
聒碎乡心梦不成，
故园无此声。

《抚远大将军西征图卷》（局部） 清·佚名

词很短，不算词牌和标点，总共才36个字。词很浅显，真正需要讲解的字词只有两个："聒"，"聒碎"的"聒"，声音嘈杂的意思。你看这个字的字形，就很有意思，左边耳朵右边舌头，一个劲儿地在耳边嚼舌头，能不吵能不烦吗？还有一个词——"榆关"，榆关就是山海关。其他所有的字眼儿，一看就懂，一读就通，感觉真没什么好读的。

那么，这样一首貌似简单浅显的词，我是怎么读的呢？

首先，把《长相思》这首词读厚。

接着，把《长相思》这首词读薄。

最后，把《长相思》这首词读活。

读厚是基础，读薄是关键，读活是最终目的。

二

我们先说把这首词读厚。

如果，你只是傻傻地盯着这首词读，"山一程，水一程，身向榆关那畔行，夜深千帐灯。风一更，雪一更，聒碎乡心梦不成，故园无此声"。我看，读上一万遍可能都不会有多少感觉。而且，可能会越读越找不到感觉，最后的感觉是什么呢？没有感觉。

有人说，不对呀，你们语文老师不是常说"书读百遍，其义自见"吗？那我盯着这首词，专心致志、聚精会神、心无旁骛、全神贯注地读上一万遍，其义不就都自见了吗？

我说，您要是这么机械地理解"书读百遍，其义自见"，我也就无话可说了，要不，您试试？一万遍！

这个“书读百遍”大有讲究、大有门道、大有奥妙。它不仅是个数量上的问题，还是一个层次上的问题，更是一个质量上的问题。

就层次来讲，书读百遍的第一个层次，就是把书读厚。

我们现在读《长相思》，不能局限在《长相思》的字面本身，以为读《长相思》就是读这36个字，再也没有其他可读的了。这是典型的画地为牢、作茧自缚。所谓读厚，就是要把这首词生发开去、拓展开去、扩充开去、链接开去。比如——

你可以读一读别人是怎么读《长相思》的；

你可以读一读纳兰性德还写过哪些词；

你可以读一读其他诗人写的词牌都是《长相思》的词；

你可以读一读纳兰性德的生平故事；

你可以读一读写故园写乡愁的各种诗词；

……

这样读，有点像滚雪球。这个球心就是纳兰性德的这首《长相思》，然后，你在“书的雪地”上滚啊滚，这个雪球就越滚越大、越滚越厚。

人家怎么读《长相思》呢，我找来这一篇细细地读：

> “山一程，水一程”，一种含而不露的循环句式，形成“行行复行行”的远离动作，动作的方向是榆关，与“故园”遥遥相对，随着行程的越来越远，造成空间上的巨大张力，产生对“故园”的依恋、渴望。“夜深千帐灯”，夜色深沉，千帐灯燃，然而这不是熟悉的家园的夜晚，怎能不惹起作者强烈的思归之情？

他这样读，用的显然是对比的思维策略。拿榆关跟故园对比，空间上的张力就出现了；拿征途的夜晚跟家园的夜晚对比，情感上的张力就出现了。这样读，带给我们的启发就比较大。那么，他会不会继续使用对比的思维策略解读《长相思》的下片呢？我们不妨接着看：

“风一更，雪一更，聒碎乡心梦不成”，作者多么希望能在梦中返回故园，但是帐外风雪交加的呼啸声使他难以入睡，这小小的愿望也无法实现。辗转反侧的他怎能不埋怨这聒耳的风雪声呢？“故园无此声”，故园有什么声呢？是母亲的亲切嘱托，还是妻子的浅笑低语，或者……

果然，他使用的策略还是对比。这一次，是拿征途的风雪声跟故园的无此声进行对比。征途的风雪声是确定的，而故园的无此声则有着巨大的想象空间，但这个空间又是有一定边界的，那就是没有这样聒噪的风雪声。显然，这里讲的声音绝非一般意义上自然的声音，而是饱含着亲情、爱情、友情的声音。读了这篇解读《长相思》的文字，你的思维就慢慢地开阔起来，这就是一种读厚的表现。

要读厚，光这么看一篇，无论是数量上还是质量上，都是远远不够的。我们再来看一篇：

词以“山一程，水一程”六字叠韵发端，是此调正体，而全用口语组织，予人自然奔放之感，为下文“夜深千帐灯”五字拓开地步。此五字粗看亦寻常，细味之则朴素中兼有气象万千，为他人累千百字所刻画不到。所以王国维《人间词话》对此深致推奖云：“‘明月照积雪’、‘大江流日夜’、‘中天悬明月’、‘长河落日圆’，此种境界，可谓千古壮观。求之于词，唯纳兰容若塞上之作，如《长相思》之

‘夜深千帐灯’、《如梦令》之‘万帐穹庐人醉，星影摇摇欲坠’差近之。”体味甚是，也足见纳兰此句之地位。

王国维在《人间词话》的开篇这样说：“词以境界为最上。有境界则自成高格，自有名句。”我们发现，这一篇的解读就是按照王国维的核心理念来的。他既从境界这个大处着眼，说《长相思》给人一种自然奔放之感；又从名句这个小处入手，挑出“夜深千帐灯”，细细品味，深致推奖。这种读法，显得很古典，又很经典。他接着说：

> 下片作者情绪陡转。在“千帐灯”下，词人倾听着一更又一更的风雪之声，不禁想起“故园”，唤起“乡心”，从而辗转难寐了。此数句字面亦寻常，意思却很不一般。所谓“天涯行役苦”，大家都容易理解，可是纳兰现在乃是扈从皇帝“巡幸”途中，本该踌躇满志、意气风发才是。他却偏偏作此小儿女态，恋起家来！其深心视此等荣耀为何如即可想见矣。按其底里，真正是“冷处偏佳，别有根芽，不是人间富贵花”。

孟子说：“颂其诗，读其书，不知其人，可乎？是以论其世也。”我们发现，对于《长相思》下片的解读，作者就是照着孟子的知人论世、以意逆志的理论来的。你看，联系纳兰性德的生平境况，矛盾就暴露出来了。你明明应该踌躇满志、意气风发呀，现在却偏偏说“聒碎乡心梦不成”，给人一种儿女情长、英雄气短的感觉。为什么会这样呢？这就要知其人了。而我发现，自己对纳兰性德这个人的了解远远不够。于是，我产生了一种新的阅读期待，这也是一种读厚的表现。

非常有趣的是，在读厚的过程中，我还发现了一些不一样的解读，有的解读甚至跟前面的还有矛盾。比如这一篇：

> “山一程，水一程”，仿佛是亲人送了我一程又一程。“身向榆关那畔行”，是使命在身、行色匆匆。“夜深千帐灯”则是大队人马夜晚宿营，众多帐篷的灯光在夜幕反衬下所独有的壮观场景。“山一程，水一程”，寄托的是亲人送行的依依惜别情；“身向榆关那畔行”，激荡的是“万里赴戎机，关山度若飞”的萧萧豪迈情；“夜深千帐灯”催生的是“大漠孤烟直，长河落日圆”的烈烈壮怀情。这情感的三级跳，既反映出词人对故乡的深深依恋，也反映出他渴望建功立业的雄心壮志。

听听好像也挺有道理的。他不是一种平面的解读，而是一种层层递进式的解读，用他的话来说，读出的是情感三级跳。第一级，亲人的依依惜别情；第二级，征途的萧萧豪迈情；第三级，英雄的烈烈壮怀情。你跟前两篇一对比，就会发现矛盾和冲突。我们继续看：

> “山一程，水一程”与“风一更，雪一更”的两相映照，又暗示出词人对风雨兼程人生路的深深体验。愈是路途遥远、风雪交加，就愈需要亲人关爱之情的鼓舞。因为她是搏击人生风浪的力量源泉，有了她，为了她，就不怕千难万险，就一定会迎来团聚的那一天。从“夜深千帐灯”的壮美意境到“故园无此声”的委婉心地，既是词人亲身生活经历的生动再现，也是他善于从生活中发现美，并以此创造美的高超艺术智慧的自然流露。

我们明显地感觉到，这种解读的基本面是积极的、向上的。无论是上片的“萧萧豪迈情”“烈烈壮怀情”，还是下片的“亲人关爱之情”，都是“搏击人生风浪的力量源泉”。

这种解读，好是好，但我感觉就是太“主观”了一点。似乎很励志、很阳光，但是励志、阳光的背后总有一种浮躁、自恋的味道。

究竟哪些解读更贴近作者的内心呢？或者，我们又该朝着哪个方向去解读《长相思》呢？

这就需要我们走近纳兰性德这个人。

他究竟是个怎样的人？他是在什么背景下写出《长相思》这首词的？这首词跟他这个人会有一种怎样的关联呢？

于是，我继续朝着读厚的方向行进。我找来各种与纳兰性德相关的资料读，包括史籍、传记、杂说、论文等。读进去，就有了各种有趣的发现。

第一个发现，纳兰性德是个“天才”。纳兰是明珠的长子，明珠这个人物可不得了，他是康熙的内阁大学士、太子太傅，权势和政绩都非常显赫。纳兰生来就非常聪明，小时候读书过目不忘，经典诗文张口就来。17岁就进入太学读书，他的老师内阁学士徐乾学非常喜欢他。

第二个发现，纳兰性德是个“学霸”。纳兰22岁就考中了进士二甲第七名。这是个什么概念呢？进士殿试以后，按照考试成绩，分成一甲、二甲、三甲。一甲只取前三名，第一名称“状元”，第二名是“榜眼”，第三名就是“探花”。那么，纳兰中的是二甲第七名，也就相当于整个殿试的第十名。不是学霸又是什么？考中进士不久，纳兰就成了康熙皇帝的一等侍卫，随康熙南巡北狩，游历四方，多次受到皇帝的赏赐。可以说是少年得志，前途无量。

第三个发现，纳兰性德是个“专家”。纳兰年纪轻轻，就主持编纂了一部大型的儒学汇编丛书——《通志堂经解》。他又把搜读经史过程中的见闻、传述整理成文，编成《渌水亭杂识》，一共4卷，内容包含历史、地理、天文、历算、佛学、音乐、文学等方面的知识。

第四个发现，纳兰性德是个“大咖”。纳兰虽然少年得志、前途无量，但他厌倦官场、无心功名。他喜欢写作，24岁的时候，他就把自己的词作编选成集，一开始叫《侧帽集》，后来改名叫《饮水词》，再后来就叫《纳兰词》，一共有342首。《纳兰词》一出来，就成了当时的畅销书，家家争唱，好评如潮。

第五个发现，纳兰性德是个“情种”。纳兰17岁结婚，妻子姓卢。少年夫妻无限恩爱，新婚美满激发了他的创作灵感。没有想到，结婚不到三年，妻子就难产死了。这对纳兰是个沉重打击，以至于在以后的诗词写作中，他一再流露出对妻子无限的相思之情。31岁那年，纳兰与好友一聚、一醉、一咏，然后一病不起，溘然长逝。

纳兰一生，绝对是个传奇。早年研究《红楼梦》的专家，有一个索隐派，专门分析《红楼梦》究竟写的是谁家的事儿。有人认为，贾宝玉这个人物隐射的就是纳兰性德。那么，这样一个充满传奇的人物，像大家熟悉的贾宝玉一样的人物，究竟会写出怎样的作品来呢？

于是，我把对《长相思》的读厚又推进了一步，我开始细读《纳兰词》。我想在这些词作中寻找纳兰的生命特质，探索《长相思》的精神密码。

比如纳兰写的《河传》这首词：

斜倚画屏思往事，皆不是，空作相思字。记当时，垂柳丝。花枝，满庭胡蝶儿。

《蝶花图卷》（局部） 清·马荃

纳兰在《长相思》里说“故园无此声”。他念念不忘的“故园”到底是怎样的呢？这首词就给出了一个画面——“垂柳丝。花枝，满庭胡蝶儿”。故园春意盎然、春色满园。

再比如，纳兰写的《虞美人》这首词：

半生已分孤眠过，山枕檀痕涴。忆来何事最销魂，第一折枝花样画罗裙。

纳兰在《长相思》里说“聒碎乡心梦不成”。如果，梦能成的话，他会梦见什么呢？这首词也给出了一个画面——“忆来何事最销魂，第一折枝花样画罗裙”。记忆中最销魂的事，就是与妻子一起给罗裙画上山水花鸟，隔天，看妻子穿上罗裙，光彩照人，身姿婀娜。

还比如，纳兰写的《如梦令》这首词：

归梦隔狼河，又被河声搅碎。还睡，还睡，解道醒来无味。

纳兰在《长相思》里说“聒碎乡心梦不成”。一个“碎”字，读来特别扎心。现在这首词中“又被河声搅碎”，又是一个不忍卒读的“碎”字。于是，我检索了《纳兰词》，发现这个“碎”字在纳兰的词集里一共出现了16次，如：金波碎、心欲碎、吹欲碎、香尘碎、衾花碎、惊风碎等。纳兰的词反复出现“碎”，我想，应该不会是一种偶然现象吧。

又比如，纳兰写的《菩萨蛮》这首词：

问君何事轻离别，一年能几团圆月。杨柳乍如丝，故园春尽时。

纳兰在《长相思》里说“山一程，水一程，身向榆关那畔行”。我想，在一程又一程的行军途中，纳兰肯定不止一次地这样问过自己：“问君何事轻离别，一年能几团圆月。”这一问，问出了多少无奈、寂寥和伤感。

读完《纳兰词》，我更加了解、也更加坚信纳兰性德的生命特质——“冷处偏佳，别有根芽，不是人间富贵花”。

这么读《长相思》，是不是越读越丰富、越读越深入了呢？

那么，还有没有把《长相思》进一步读厚的可能呢？

完全可能，而且很有必要。比如，我们可以抓住词中的一些关键意象触类旁通，进一步读厚《长相思》。

长相思，思什么？当然思故园。“故园”是这首词的灵魂所在。在中国文学语境中，故园既是一种生活场景，更是一种精神意象。想到故园，我们的脑海中会呈现哪些比较鲜明、比较典型的诗词意象呢？

慈母手中线，游子身上衣。

这是孟郊《游子吟》中的故园意象。

何当共剪西窗烛，却话巴山夜雨时。

《山窗听雨图》（局部） 元·吴镇

这是李商隐《夜雨寄北》中的故园意象。

最喜小儿亡赖，溪头卧剥莲蓬。

这是辛弃疾《清平乐·村居》中的故园意象。

儿童散学归来早，
忙趁东风放纸鸢。

这是高鼎《村居》中的故园意象。

采菊东篱下，
悠然见南山。

这是陶渊明《饮酒》中的故园意象。

《悠然见南山》 清·石涛

青箬笠，绿蓑衣，斜风细雨不须归。

这是张志和《渔歌子》中的故园意象。

春风又绿江南岸，明月何时照我还。

这是王安石《泊船瓜洲》中的故园意象。

显然，这些意象的唤醒和融入，有助于我们更好地解读纳兰性德《长相思》中这个特定的“故园”意象。

这也是另一个维度的读厚。其实，维度越多，读厚的可能性就越大。比如，我们再来换一个维度读厚《长相思》。

前面说到故园，那么，故园的背后又是什么呢？——“乡心”。在中华民族的文学历史上，有多少诗人抒写着自己绵延不绝、魂牵梦萦的乡心啊。

露从今夜白，
月是故乡明。

只有故乡的月，才是最明亮的。这是杜甫的乡心。

思归若汾水，
无日不悠悠。

回家的心，一如悠悠不尽的汾水。这是李白的乡心。

日暮乡关何处是，
烟波江上使人愁。

《孤雀横江图》 元·赵雍

烟波浩渺，暮云惨淡，乡关何处，我心忧愁。这是崔颢的乡心。

凭寄还乡梦，殷勤入故园。

返乡的梦，总是殷勤到来。这是柳宗元的乡心。

无端一夜空阶雨，滴破思乡万里心。

一夜秋雨，点点滴滴，敲碎了思乡的心。这是张咏的乡心。

不忍登高临远，望故乡渺邈，归思难收。

怕登高，怕望远，怕思乡的心绪收不回来。这是柳永的乡心。

无奈归心，暗随流水到天涯。

归心悄悄随着流水远逝天涯。这是秦观的乡心。

这乡心，既是纳兰的，又是民族的；既是历史的，又是当下的；既是个人自觉的，又是集体无意识的。

这样读纳兰性德的《长相思》，你就把它读厚了。

三

读厚是基础，但不是终极目的。要达到终极目的，还得把《长相思》读薄。

读薄，就是要读出这首词的核心、灵魂、精髓；就是要一针见血、一语道破、一言以蔽之。

有人说，《长相思》一共才36个字，已经够薄的了，还有必要再读薄吗？其实，薄不薄，跟字数多少、篇幅长短真没有什么实质联系。关键的关键，是能够聚焦、锁定最有价值的信息。即便是“长相思”三个字，也还有一个轻重缓急呢，焦点当然还在这个“思”字上。思念，然后有互相思念，再然后有深切绵长的互相思念，这一切，都建立在思念的基础上。所以，把“长相思”三个字读薄，那就读成了一个字——思。

如果说，读厚有点像滚雪球，那么，读薄就有点像剥竹笋，竹笋的笋衣要从外到里一层一层地剥去，一直剥到那又嫩又香的笋芽为止。这“笋芽”，就是《长相思》这首词的精华所在。

我读《长相思》，上片最后读成一个字——“身”，身体的身、身躯的身；下片最后也读成一个字——“心”，心情的心、心愿的心。

你看，上片所写，都是纳兰“身”的行军轨迹。“山一程，水一程”，那是纳兰的身在行走；“身向榆关那畔行”，那也是纳兰的身在行进；“夜深千帐灯”，看起来身安顿下来了，其实，又一程山、又一程水等着他的身继续前行。这就是纳兰的身，行行复行行。

再看下片，所写的都是纳兰“心”的思乡轨迹。“风一更，雪一更”，应该是“风雪夜归人”的时候，可是，我能回家吗？“聒碎乡心梦不成”，既然回不成，让我在梦里回家总行吧？风雪聒噪，竟然连归梦都做不成。“故园无此声”，梦不成，只能想象故园的宁静和温暖。你看，心在期待，心在思念，心在想象。

所以，概括一下，上片就是“身在征途”，下片就是“心系故园”。

如果把“身”和“心”联系起来，你还会发现一种独特的审美张力，这种张力表现在：

第一，“身”离故园越来越远，而“心”系故园越来越紧。

第二，“身”的行进可以停顿，而“心”的思念无法停止。

第三，“身”的轨迹不断变化，而“心”的指向始终不变。

于是，我们发现，纳兰的身心形成一个悖论、一种吊诡。这种吊诡，就是身和心的分裂；这个悖论，就是身的完整、心的破碎。

我们一定还记得，《纳兰词》一共出现过16个“碎”字。其中，一个“碎”字就出现在《长相思》这首词里——“聒碎乡心梦不成”。

这是一种偶然现象吗？联系纳兰的生平故事、生命特质，我们发现，纳兰终其一生，都活在身心分裂这样一种吊诡中，活在身虽完整、心却破碎这样一个悖论中。三十一岁，他溘然长逝，不能不说这是他生命的吊诡和悖论。

这样一来，《长相思》这首词就有了一种生命的全息性。就是由一首词，我们竟然可以看破纳兰的整个一生。

而《纳兰词》，从某种意义上讲，就是他自己对生命的预言和谶语。

这是把《长相思》读薄了，一开始读成两个字：身、心。再往下读，就读成了一个字：碎。这个“碎”，是纳兰一生的缩影和宿命。

正所谓：一词一世间，一字一人生。

所以，这个读薄的“薄”，不是读单薄，不是读浅薄，不是读轻薄。**这个“薄”，是一种大道至简的“简”，是一种去粗取精的“精”，是一种融会贯通的“通”。**

四

但是，读厚之后的读薄，还不是终极目的。我们的终极目的是读活。读活，就是“读以为己”。真正的知识来自个人面对知识的亲密体验，读活，就是要把自己放进去，也要让自己活出来。最终，让诗词来照亮自己、温暖自己。

读《长相思》，你不能只为纳兰性德本人去读，你也不能只为那些研究纳兰性德的人去读，你最终要为自己读。读出自己，读成自己。

那么，怎样把《长相思》读活呢？

读活的第一步，就是要把自己放进去。

何永康教授在回忆一代词学大师唐圭璋先生的上课情形时，这样写道：

> 只见他老人家端坐在黑板前，一遍又一遍地将名篇诵读。“对潇潇暮雨洒江天，对潇潇暮雨洒江天，对潇潇暮雨洒江天……”这抑扬顿挫的吟诵声，把我们渐渐地、静静地带入了美妙的诗境；然后，“柳永啊，他想啊，想啊，想啊……”想什么呢？唐老未做一字解释，只让我们全班同学由着性子自己去想象，去补充……

唐圭璋先生没有做任何解释，而是忘情地沉浸在柳永词的意境里。这个时候，他不是在理性地思考，而是在用自己的生命加以体验。唐圭璋先生不仅把自己放进去，还把学生也一起带进了词的意境，让学生的心灵也在词的意境中自由飞翔、率性体验。这就把词读活了。

我带学生读这首词的时候，也是这样做的。我自己在学生面前忘情地朗读这首词：

山一程，水一程，身向榆关那畔行，夜深千帐灯。

风一更，雪一更，聒碎乡心梦不成，故园无此声。

学生呢，闭上眼睛，一边听一边想象，脑海中浮现出相关的画面。

我们来听一听，学生是怎样把文字读活的。

一个孩子说："我看见，士兵们翻山越岭到了山海关，已经是夜深人静了，风刮得很大，雪也下得很大，士兵们躺在帐篷里，翻来覆去，怎么也睡不着。"

另一个孩子说："我看见，纳兰性德走出营帐，他迎着呼啸的寒风，独自一人向着故乡的方向眺望。雪已经落满了他的双肩，他伸出手去，雪花飞入手心，化成了一滴思念的泪珠。"

又一个孩子说："我看见，夜深了，沿着山道的两边，是一座座高高低低的营帐，远远望去，星星点点的灯火在风雪中闪烁着。好像有士兵睡不着觉，吹起了笛子，那笛声非常凄凉，随着风雪飘向了远方。"

……

"我看见"，这是面对知识的亲密体验，这就是把自己放进去了。

《长相思》这首词的核心意象是"故园"。怎么读"故园"算是读活了呢？你说故园就是故乡、就是故土、就是家乡、就是家园、就是自己的出生地，这是远远不够的。这样读故园，它就还只是一个抽象的符号，没有温度、没有气息、没有脉搏、没有心跳。

你说故园就是"慈母手中线"、就是"共剪西窗烛"、就是"溪头卧剥莲蓬”、就是“忙趁东风放纸鸢”、就是“青箬笠，绿蓑衣，斜风细雨不须归”，但那毕竟属于别人的生活、别人的体验，跟你自己的生命还是隔了一层。

课堂上，我还是带着学生继续设身处地地想象，让他们带着各自的生活经验、阅读积淀、生命体验、审美幻想，去创造性地还原属于他们自己的“故园”。学生在背景音乐的渲染中抒写着心中的故园。

一个孩子这样写道：

那正是春光明媚、鸟语花香的时节，家人们在庭院中聊天，小孩子在巷口玩游戏，牧童赶着牛羊去吃草，姑娘们在家门口绣着花儿，放学归来的孩子们，放下书包，趁着东风，放起了风筝，有的还用野花编成花环戴在自己的头上。

一个孩子这样写道：

那是一个宁静的夜晚，月光皎洁，星星一闪一闪的。纳兰的亲人坐在窗前，望着圆圆的月亮。鸟儿们都归巢了，不再叽叽喳喳地鸣叫。在凉凉的晚风中，花儿也合上了鲜艳的花瓣。纳兰的妻子搂着孩子，轻轻地哼着一首好听的催眠曲。

一个孩子这样写道：

那是一个晴朗的日子，纳兰的妻子正在枫树下绣着锦缎，火红火红的枫叶飘落在妻子的身上。孩子们在院子外的草地上玩耍，一会儿捉蝴蝶，一会儿又玩起捉迷藏的游戏。太阳下山了，院子里升起了袅袅的炊烟，汉子们远远地挑着水，走向自己的家里。

其实，纳兰性德的故园在北京城里，人们一般叫它“渌水亭”。纳兰在《渌水亭宴集诗序》中这样描绘自己的家：

予家，象近魁三，天临尺五。墙依绣堞，云影周遭；门俯银塘，烟波滉漾。蛟潭雾尽，晴分太液池光；鹤渚秋清，翠写景山峰色。云兴霞蔚，芙蓉映碧叶田田；雁宿凫栖，粳稻动香风冉冉。

《皋涂精舍图》（局部） 清·李世倬

大意是说，我家在京城北面，离皇宫不远。渌水亭周围波光粼粼，潭水清清。不远处山峰叠翠，云蒸霞蔚。池中荷叶田田，荷花掩映其间，有野鸟在这里栖息。池畔还有稻田，不时飘来稻花的香味。

应该说，孩子们对纳兰故园的想象在一定程度上契合了史实。但这不是主要的，即便有些细节的想象违背史实，都丝毫无损于他们对纳兰故园的重新创造。文学的真实源于生活，却高于生活。

关键在于，这一个又一个生动形象的故园画面，不再属于任何其他人。从根本上说，孩子们描绘的正是他们自己心中的故园。

这个时候，他们对《长相思》的理解，不再是被动地接受，而成了主动地建构。

这才是真正的读活！

把自己放进去，这是读活的第一步；读活的最后一步，是让自己活出来。

让自己活出来，就是用《长相思》的审美情感陶冶自己的情感，从而让自己的情感变得更丰富、更细腻。

让自己活出来，就是用《长相思》的美好心灵滋养自己的心灵，从而让自己的心灵变得更纯粹、更高贵。

让自己活出来，就是用《长相思》的人生态度砥砺自己的态度，从而让自己的人生变得更温暖、更柔软。

活出来，不在一时一地；活出来，是一辈子的功夫。

当你走在自己人生的“山一程，水一程”的时候，你会想起“故园无此声”吗？

当你听着自己人生的“风一更，雪一更”的时候，你会想起“故园无此声”吗？

往后余生，你会把《长相思》的一往情深活出来吗？

这样学语文才有味道

一

经常有人说，读古诗有什么味道？佶屈聱牙，半懂不懂；冷僻生疏，半通不通。从表面看，像是这么回事儿。但仔细一琢磨，这样的说法显然站不住脚。

比如，苏轼的《题西林壁》、陆游的《游山西村》，如果只是从题材的角度看，都应该算是记游诗吧。但是，当我们把这两首记游诗放在一起学习的时候，有趣的现象就发生了。

我们先来看看苏轼的《题西林壁》：

横看成岭侧成峰，
远近高低各不同。
不识庐山真面目，
只缘身在此山中。

《隔岸望山图》 元·赵衷

我们知道，这首诗写的是庐山。那么，如果我们还原一下常态，到了庐山，苏轼可能会写些什么呢？

第一，可能会写一写庐山的水吧。比如，李白游庐山，就专门写了水。那就是传扬千年、家喻户晓的《望庐山瀑布》：

日照香炉生紫烟，
遥看瀑布挂前川。
飞流直下三千尺，
疑是银河落九天。

《庐山瀑布图》　清·高其佩

第一句，写瀑布的背景；第二句，写瀑布的静态；第三句，写瀑布的动态；第四句，写瀑布的联想。面对大自然神秘的伟力，我们只有惊叹，只有敬畏。

第二，可能会写一写庐山的峰吧。庐山有不少著名的山峰，李白还写过一首《登庐山五老峰》：

庐山东南五老峰，青天削出金芙蓉。
九江秀色可揽结，吾将此地巢云松。

仰望五老峰，青天削出金芙蓉；登上五老峰，九江秀色可揽结。也难怪，李白要在五老峰的云松间隐居了。

第三，可能会写一写庐山的云吧。同样是唐代诗人，孙鲂就写过一首有关庐山云雾的诗《湖上望庐山》：

△《庐山高图》 明·沈周

辍棹南湖首重回，
笑青吟翠向崔嵬。
天应不许人全见，
长把云藏一半来。

让诗人再回首的，不仅仅是青翠为色、崔嵬为形的庐山，更是缭绕弥漫、无法全见的庐山云雾。

庐山的水、庐山的峰、庐山的云，都是非常有代表性的风景。因此，苏轼写庐山，写景的可能性应该是最大的：

第一，庐山是风景名胜、中华名山，最值得写的当然是景；第二，之前确有大量诗人、大量诗作在写庐山的景，尽管角度和构思不同；第三，苏轼此番前来庐山，当然也是来赏景的。

那么，苏轼的《题西林壁》，是不是这样写庐山的呢？

“横看成岭侧成峰，远近高低各不同。”貌似写景，写山景。但是，读完后两句“不识庐山真面目，只缘身在此山中”，我们就恍然大悟，这哪里是在写山、写景啊？这是在写心、写悟啊！这分明写的是自己的心灵感悟。

如果，这真是一首写景的记游诗，那第一句就有问题了。“横看成岭侧成峰，远近高低各不同。”你想啊，只要是在崇山峻岭中，哪儿不是“横看成岭侧成峰，远近高低各不同”？

你去泰山，“横看成岭侧成峰，远近高低各不同”。

你去黄山，“横看成岭侧成峰，远近高低各不同”。

你去昆仑山，“横看成岭侧成峰，远近高低各不同”。

你去喜马拉雅山，“横看成岭侧成峰，远近高低各不同”。

是不是？所以，如果真是写景，那这两句根本就没有写出庐山风景的个性特征。别说一流，我看三流都够呛。

但我们会不会因此说，这首诗写得很平庸、写得不够好呢？

当然不会！为什么？因为东坡之意不在山、不在景，在自己的心灵感悟。

这里写景，不过是为诗人的写悟创造一种缘由、提供一种缘起。说白了，头两句写的就不是景，写的是悟的一种可视可听的意象、诗境，这在中国传统美学中，叫“以境显理”。就是我不直接说理，但我通过呈现一个非常形象、非常典型的诗境把这个理直观地表现出来。

后两句呢，干脆就直接点出自己的感悟来。为什么无法认识庐山的真面目呢？因为我陷在整座山之中。这叫自问自答、自问自悟。整首诗，从头到尾、自始至终，写的都是自己的悟。这样写庐山，就翻出了新意。我们说写诗要做到“见人所未见，发人所未发”，苏轼游庐山，见人所共见，却发人所未发，这是他厉害的地方。

他让我们看见了一座不一样的庐山，那不是自然的庐山，而是心灵的庐山。从某种意义上讲，那是苏轼的庐山。

二

那么，苏轼为什么要这样写庐山呢？

我们不妨做一下推测：假定是在十年前，苏轼游庐山，能不能写出这样的诗呢？可能性不大；假定再过十年，苏轼来游庐山，能不能写出这样的诗呢？可能性也不大。为什么？因为，一首诗的诞生，需要所有因缘在这个当下全部具备，缺一个都不行，这叫“因缘具足”。

那么，苏轼能写出这首诗，都具备了哪些因缘呢？

第一个缘，当然就是身在庐山了。

如果，此时此地不是庐山而是西湖，那么，写出这首诗的可能性就微乎其微。最有可能的，是写出这样的诗来：

水光潋滟晴方好，
山色空蒙雨亦奇。
欲把西湖比西子，
淡妆浓抹总相宜。

《西湖全览》（局部） 清·周尚文

为什么？只缘身在此湖中。

第二个缘，当然就是乌台诗案了。

这首诗写于宋神宗元丰七年（1084）。那年，苏轼47岁，由黄州贬所改迁汝州团练副使。在改迁途中，苏轼经过江西九江，于是顺道游了庐山。苏轼在庐山游了十多天，挥毫写下了十多首关于庐山的诗，《题西林壁》是他在庐山写的最后一首诗。

对苏轼来说，这是他人生中一段非常特殊的时期。因为元丰二年（1079），也就是5年前，苏轼差点丢了性命。为什么？有人告他，说他写了很多诗文污蔑朝廷、诽谤新政。最终，苏轼被御史台拿下，在监狱里被关了百余天。之后，苏轼贬官黄州，任团练副使，还被附加了两个条件：第一，不得擅自离开黄州，没有自由；第二，不得签署公文，没有权力。这就是历史上著名的“乌台诗案”。

经历了大起大落的苏轼，与死神擦肩而过的苏轼，对人生、对命运的理解会不会有困惑、有困顿呢？会不会在困惑、困顿之中有更新、更深的思考和感悟呢？

第三个缘，当然就是变法新政了。

从宋神宗熙宁二年到元丰八年，正是中国历史上著名的王安石变法时期。王安石变法的初衷当然是要发展生产、富国强兵，挽救大宋的政治危机。但新法在实施过程中，暴露了大量弊端，遭到了司马光等人的反对。这其中，也包括苏轼。虽然，苏轼经历了“乌台诗案”，知道写诗有风险，说话须谨慎。因为在政治敏感期，说多说少、说好说坏，不在于自己怎么写，还在于别人怎么读。他也知道，自己刚刚脱离了生死牢笼，此时更识趣的做法，应该是两个字——“闭嘴”。

但是，苏轼毕竟不是一个玩弄权术、投机钻营的政客，他是一位真正具有良知的士大夫，无论在哪里任职，他都实事求是，革新除弊，因法便民，颇有政绩。所以，对于施行新法的当政者，他还是有话要说。“不识庐山真面目，只缘身在此山中”，这不就是俗话常讲的“当局者迷，旁观者清”吗？

这样的解读是不是太过现实、太多牵强呢？一点也不！不仅有诗，我们还有文为证。因为，同一年，苏轼还写过一篇著名的游记——《石钟山记》。

事不目见耳闻，而臆断其有无，可乎？

您以为他是说给谁听的呢？

士大夫终不肯以小舟夜泊绝壁之下，故莫能知；而渔工水师虽知而不能言。此世所以不传也。

您以为他说的只是石钟山吗?

即便是经历了“乌台诗案”，苏轼对于新政，该说的也还是要说，只不过说得更含蓄、更委婉些罢了。

当然，我们对这首诗的意图和意蕴也不必完全坐实。但我们必须清楚，只有具备了如此丰富的人生体验，只有人生到了这样一个特定的时空节点，才会有这样一首诗的诞生。中国古典诗论，以抒情言志为纲，用陈伯海先生的话来说，就是“发端于情志，成形于意象，而完成于意境”。

第四个缘，当然就是西林禅寺了。

这首诗与禅、佛法、宗教文化也有着密不可分的关系。首先，诗题是《题西林壁》，这首诗写在哪里?庐山西林寺，是一首题壁诗，题在西林寺的墙壁上。想一想，苏轼本人学佛参禅，有着很深的禅定功夫，也有着极高的禅悟境界。他写过一首《观潮》诗：

庐山烟雨浙江潮，
未到千般恨不消。
到得还来别无事，
庐山烟雨浙江潮。

《月夜看潮图》 宋·李嵩

这哪是什么观潮啊？这是很深很深的观心啊！这是一首禅诗，所悟到的境界，已经是禅学的极高境界——“见山只是山，见水只是水”。因此，有着如此深厚的佛学修为的苏轼，在西林寺题诗，能不进入禅文化这样一种特定的场吗？

其实，诗本身就有蛛丝马迹可寻。

比如“真面目”这个用词。它就是从禅学的“本来面目”化出来的。禅宗六祖慧能的《坛经》中有“不思善，不思恶，正与么时，那个是明上座本来面目”句，这个本来面目，就是佛法所谓的本心、初心、本性、自性、如来、真如、佛性。

再比如“缘”这个字眼儿。这里的“缘”当“因为”讲，“只缘身在此山中”也可以写成“只因身在此山中”。但无论是因还是缘，其实都跟佛法有关。佛法讲缘起性空，讲内因外缘。在佛法看来，宇宙万事万物，皆为缘起，本质却是性空。所谓：此有故彼有，此生故彼生；此无故彼无，此灭故彼灭。在这里，因是事物的根本原由，缘是事物的相关条件。

又比如“身”这个字眼儿。如果直说“不识庐山真面目，只缘人在此山中”也不是不可以，但这里不写“人”而写“身”，显然另有深意。学佛法，就是要破“我执”，而“我执”的第一障碍来自“身执”，就是我们执着于这个肉身为真。苏轼讲“只缘身在此山中”，是不是有破除“身执”的意思在里面呢？因为“身执”不破，“本来面目”又怎么见证呢？

那么，具足了这四个缘，是不是就一定能写出这样一首充满哲理和禅思的诗了呢？

譬如，换成同时期的王安石，我们假定他也同时具备了这四个外缘，他就能写出这样一首诗来吗？答案是不可能！这倒不是说王安石不会写诗，也不是说王安石不会写哲理诗。王安石30岁的时候写过这样的诗，题目叫作《登飞来峰》：

飞来山上千寻塔，
闻说鸡鸣见日升。
不畏浮云遮望眼，
自缘身在最高层。

《重林复嶂图》（局部）　清·王昱

诗中虽然也有“缘”“身”等字眼，但是它们跟佛法禅意八竿子也打不着。很简单，他跟苏轼不是同一类人。

所以，这首诗的诞生，除了上面讲到的四个非常重要的外缘，还必须归结到最最重要、最最根本的一个条件。这个条件就不能叫“缘”了，叫什么？叫“因”。

“因”，就是苏轼这个人。苏轼的人生哲学、思想品位、审美情趣、精神境界，构成了他的人格、性格。

没有苏轼这样一种特定的人格，就写不出这样一首充满哲理、禅意的诗。

不知道他的人格、性格，要真正读懂这个人所写的诗文，似乎是不大可能的。作品毕竟是作者的作品，作者的精神风格和艺术追求，不可能不在作品中留下深刻的印记。

苏轼是个什么样的人呢？如果非得找一句话来概括不可，那就是朝云说的那句话：“一肚皮不合时宜。”如果非得找一个词来形容不可，那就是苏轼自己在一首诗中写到的：

尘容已似服辕驹，野性犹同纵壑鱼。

哪个词？“野性”。这是苏轼人格、性格中最为核心的特质。

这是一种超脱、超越、超拔的人生态度。超脱社会环境的束缚，超越自我生命的发展，实现心灵的超拔。从根本上说，就是追求心灵的自由和精神的解脱。

苏轼研究者阮延俊是位越南人，他说得特别好：

> 这种生活态度，不是儒家悲天悯人的入世情怀，而是近于“曾点之意”；也不是道家“知其不可奈何而安之若命”的处世态度，而是近于旷达自适的认真态度；更不是遁入空门杜绝世俗的修炼态度，而是近于入世悟禅机的平常心。

显然，苏轼的人格是融会了儒释道三家思想而升华为他自己的生命哲学和人生态度的，我们可以称之为“苏轼式的野性”，也可以称之为“野性的苏轼表达”。

那么，正是这种“苏轼式的野性”人格，才成全了他这首《题西林壁》。他总要在风景中见出一种哲思、一种生命禅悟，而不会也不愿止于人云亦云、随波逐流的平庸表达。

所以，这首诗深度彰显的正是苏轼的这种超脱、超越、超拔的生命境界。这首诗的创作，不是简单的物游，更是心游。准确一点说，是物与心游。

这首诗的美学思维，就是“以境显理”，通过造境来传达哲理，是典型的禅的思维。

三

说完苏轼的《题西林壁》，我们就可以说说陆游的《游山西村》了。

这也是一首记游诗，但如果拿来跟苏轼的《题西林壁》作比较，那就大异其趣了。

我们对陆游的印象，往往显得有些刻板。说到陆游，想到的是他的悲愤激昂、壮志难酬；想到的是他的忧国忧民、心系天下。因为，我们较早读到的就是他的这些诗，比如《示儿》：

死去元知万事空，但悲不见九州同。
王师北定中原日，家祭无忘告乃翁。

读这样的诗，打动我们的是陆游骨子里的家国情怀。

又如《秋夜将晓出篱门迎凉有感》：

三万里河东入海，五千仞岳上摩天。
遗民泪尽胡尘里，南望王师又一年。

陆游想到的不是偏安一隅的南宋小朝廷，而是失去故国的北方遗民。这不是置身事外的高喊口号，这是感同身受、将心比心的悲悯、悲凉和悲壮。

这些忧国忧民的诗，的确感人肺腑；这些诗所抒发的悲愤激昂，的确是陆游的人生基调。但是，这一定不是陆游人生的全部，他的情感、他的精神、他的心灵，远比这些要丰富得多、深刻得多。譬如，我们现在读到的《游山西村》：

莫笑农家腊酒浑，丰年留客足鸡豚。
山重水复疑无路，柳暗花明又一村。
箫鼓追随春社近，衣冠简朴古风存。
从今若许闲乘月，拄杖无时夜叩门。

《秋涉图》（局部） 清·袁江

学这首诗，我们很容易被“山重水复疑无路，柳暗花明又一村”给迷住。为什么？第一，太熟了；第二，太好了。甚至还有人猜测，陆游的这首七律，应该是“先得佳句，续成首尾”。这是什么意思？就是说，陆游写这首诗，是先得了“山重水复疑无路，柳暗花明又一村”这一神来之笔，然后再写出开头和结尾来的。诗可以这样写吗？当然可以。陆游这首诗真的是这样写的吗？

不知道，得去问问陆游才行。

有人就专门分析过这两句诗的妙处：

第一，妙在“景事交融”。“山重水复”当然是在写景，“柳暗花明”当然也是在写景，“山重水复”写的是远景、大背景，“柳暗花明”写的是近景、眼前景。但这两句写景，不是一种定格的静态描写，而是融入叙事的过程中。从哪里可以看出来？“疑无路”“又一村”。这不是沿着弯弯曲曲的山道在行走、在游览吗？从中可以看出时间流逝中的行踪变化，无疑属于叙事。这样的写法，是一种移步换景的写法。

第二，妙在“虚实交融”。“山重水复”是实写，为作者亲眼所见，但“疑无路”是虚写，是作者自己的猜测，有路还是无路？不能确定啊。“柳暗花明”是实写，同样为作者亲眼所见，但“又一村”，还是虚写，看见山西村了吗？没有。看到村民了吗？没有。看到他们在干什么了吗？没有。古村落在绿荫深处，箫鼓声在山坳那边。

第三，妙在“情景交融”。“山重水复疑无路”是景中寓情的，山环水绕，重重叠叠，走着走着，看不见路了，难免心生惶惑，这不是情吗？“柳暗花明又一村”，同样是景中寓情的，正在惶惑之际，豁然开朗，看到了又一个绿荫深处的村庄，惊喜之情油然而生，这不还是情吗？

第四，妙在“理事交融”。这也是最为人称道的地方。因为，正是这两句极富审美张力的诗句，或者说极为典型的审美意象，给了我们极其深刻的哲理启示——人们在探讨学问、研究问题时，往往会有这样的情况：峰回路转，扑朔迷离，出路难寻，于是顿生茫茫之感。但是，如果锲而不舍，继续前行，就会忽然眼前出现一丝亮光，再往前行，豁然开朗，一个前所未见的新天地让你心旷神怡。

用现在的流行语来说，这听起来很励志，很有正能量。

四

但是，问题恰恰就在这里。请问，诗能这样读吗？一首完整的有机的诗，拦腰一截，去头掐尾，然后滔滔不绝地赏析、赞美这一联如何如何好、如何如何妙，行吗？这难道真的就是陆游本人的意愿吗？

答案是否定的。诗不能这样读。

就像我们前面讲到苏轼的《题西林壁》，如果单独拿出“横看成岭侧成峰，远近高低各不同”，似乎就是写庐山之景。但是，当我们着眼于诗的整体，就会明白，这两句其实不是在写景，而是“以境显理”，本质上还是在写理。

那么，“山重水复疑无路，柳暗花明又一村”是不是“以境显理”呢？本质上是不是在写一种人生哲理呢？

回到整首诗，我们就会明白，它不是！

苏轼的诗，貌似游庐山，其实是物与心游。而陆游的诗，虽未着一“游”，却句句切“游”，他是心与物游。苏轼的诗，写的是理趣，而陆游的诗，写的是情趣，理不是他的意图所在。

整首诗的好处、妙处，不在这单独一联上，虽然这一联写得的确很好。那么，整首诗的好处、妙处在哪里呢？在抒写一个游子回家的浓浓的甚至带有一点狂欢的乡情上。

山西村在绍兴的三山乡，那里是陆游的故乡。

这首诗写于宋孝宗乾道三年（1167），那年陆游42岁，正值中年。当时，陆游正罢官闲居在家。因为什么原因罢的官呢？因为他支持抗金名将张浚北伐，结果被朝廷中的主和派排挤打压，在江西南昌的任上被罢官免职。

不是荣归故里，而是罢归故里，可想而知，陆游当时是一种怎样的心情：愤慨、郁闷、失落、无奈、彷徨，可谓五味杂陈。如何排解呢？唯有乡情。

那么，陆游是如何来抒写这份乡情的呢？

乡情很古朴，乡情很真挚，乡情很炽热。那要把这样的乡情写出来，诗就不能太雅、太一本正经。最好的办法就是以俗写俗、以朴写朴。

陆游的办法就是像写戏剧一样来写律诗，戏剧是俗文学，乡亲们最爱看；律诗是雅文学，乡亲们看不懂。陆游的用心处，恰恰就在以戏剧的笔法入诗，写出古朴、真挚、炽热的乡情。

你如果不信，我们一联一联地看。

首联："莫笑农家腊酒浑，丰年留客足鸡豚。"一般我们认为，这是诗人自己在对我们这些读者说话：莫笑他们农家的腊酒啊，不纯就不纯吧。今年正好是丰年，他们农家有的是鸡鸭鱼肉款待你们这些客人啊。这样解读不是不可以，但显然缺乏一种现场感，戏剧的写法，最要紧的是现场感。

那么，怎么解读才有现场感、才有戏剧效果呢？老弟啊！莫笑咱农家的腊酒啊，浑点儿就浑点儿吧。这不，今年是个丰收年，您留下吧，鸡鸭鱼肉，管您吃饱啊！这是谁对谁在说话啊？这不是诗人在对读者说，这是农家主人在对诗人这位客人说，这不就是现场感吗？戏剧的效果立马就变得浓浓的。关键是，乡情立马就变得浓浓的。

照着这个思路读下去，现场、对话、戏剧、乡情。

我们看第二联，颔联：“山重水复疑无路，柳暗花明又一村。”主人已经说了，说得这么热情、这么质朴。那接下去该谁说了呢？当然是诗人自己说了：知道吗，老哥啊，我可是山重水复地一路走来呀，差点儿以为没路了呢。啊！没想到，前面柳暗花明，又看到一个村子，这不就是你们山西村吗？

言下之意，你们这么好客，我能不来吗？再远的路、再弯的道，我也要来啊！

既然话匣子已经打开，趁着酒兴，索性就说开了吧。

我们看第三联，颈联：“箫鼓追随春社近，衣冠简朴古风存。”说完了自己，就得夸夸乡亲们了。老哥啊，真是没有想到啊，你们穿得这么简朴，祈年的春社却办得这么隆重，又是吹箫又是击鼓。好啊！古风还在，古风还在啊！

接下去会如何呢？大碗喝酒，大块吃肉，大声攀谈，大笑不止，这就到了夜幕降临、月出东山的时候了。

来看第四联，尾联：“从今若许闲乘月，拄杖无时夜叩门。”老哥啊，得回家喽！真是舍不得啊！从今往后，我只要有空，即便是晚上，也要借着月色、拄着木杖，来敲你们家的门啊！有酒没酒无所谓啦，有肉没肉无所谓啦，有你们这份乡情在，我陆游就知足啦！

这就是陆游的《游山西村》，乡情的质朴、浓郁、真诚，全在这样一种现场感极其强烈的戏剧式结构和对话式表达中。

乡情，无疑是对陆游的一种心灵疗愈，也是无奈之际的自我救赎，这跟陶渊明的《归去来兮辞》有着异曲同工之妙。

但是，陆游毕竟还是陆游，陆游不是陶渊明，放下一切、回归田园，陆游做不到，他念念不忘的还是他的家国情怀，毕竟，社稷天下才是他真正可以托付的乡情。虽然，执政者一时目光短浅、胸无大略，但是陆游本人并未丧失信心、自甘沉沦，他相信自己总有一天会东山再起，这份心境若隐若现地写在“山重水复疑无路，柳暗花明又一村”之中。

只不过，质朴的乡亲们听不懂陆游的话中有话罢了。

陆游是不是还会重游山西村呢？尾联的一个“若”字，大概已经打消了这个可能性吧？

陆游众多独具风采的诗篇，其主要内容正如钱锺书先生在《宋诗选注》中所说：

> 一方面是悲愤激昂，要为国家报仇雪耻，恢复丧失的疆土，解放沦陷的人民；一方面是闲适细腻，咀嚼出日常生活的深永的滋味，熨贴出当前景物的曲折的情状。

这首《游山西村》，当属后者。

那苏轼的《题西林壁》和陆游的《游山西村》两相比较，是不是挺有意思的？题材都是记游，但味道和境界完全不同。

苏轼的《题西林壁》，着眼于理趣，意在阐发一种生命哲理；陆游的《游山西村》，着眼于情趣，意在抒发一种真挚乡情。

苏轼的《题西林壁》，禅意入墨，耐人寻味；陆游的《游山西村》，戏剧入笔，质朴亲切。

苏轼的《题西林壁》，“横看成岭侧成峰，远近高低各不同”，表面在写庐山之景，其实是处处写理、以境显理；陆游的《游山西村》，“山重水复疑无路，柳暗花明又一村”，表面在写人生之理，其实是处处写情、景中寓情。

但他们所写的，恰恰彰显了他们各自的人格特质和生命境界。

这样学语文，是不是才有趣味呢？

学语文就是精神返乡

一

从2017年9月开始，全国大部分中小学统一使用“统编本”语文教材。小学一年级新生上语文课，读到的第一篇课文都是一样的，叫《秋天》。

> 天气凉了，树叶黄了，一片片叶子从树上落下来。
>
> 天空那么蓝，那么高。一群大雁往南飞，一会儿排成个“人”字，一会儿排成个“一”字。
>
> 啊！秋天来了！

我本人非常喜欢这篇课文，理由呢？

第一，文字非常浅近，读起来感觉非常亲切。全文不算题目和标点，一共才55个字。即便对一年级的孩子来说，理解起来也不会有任何困难。

第二，内容的选择非常典型。题目是“秋天”，还原一下，秋天有多少题材可以写啊，秋风秋雨、秋山秋水、秋江秋月、秋菊秋莲、秋草秋叶、秋收秋种、秋霜秋凉、秋虫秋鸟、秋窗秋灯、秋情秋兴……但是，课文只选择了两个内容，一个是落叶，一个是大雁。虽然只选择了这样两个题材，但是，秋天的季节特征被充分体现出来了。

第三，结构非常完整。一共三段文字，一二两段写景，第三段抒情；一二两段是分述，第三段是总结。两段写景的文字，也很有章法。先写地上，再写天上，视角的转换是从下往上。写落叶和大雁，笔法上有一种同构、对称的美。“树叶黄”“天空蓝”，写的都是色彩，是一种静态的美，而且黄蓝相配，给人以一种明亮的忧伤、宁静的温情，很好地体现了秋的情感基调；“叶子落”“大雁飞”，写的都是样子，是一种动态的美。所以，无论是写落叶还是大雁，都是形色兼备、动静结合。

第四，我本人生在秋天，这是我来到这个世界最先遇到的季节，最初的遇见，往往就是最深的楔入。所以，四季轮回，最爱秋天。

第五，可能很少有人注意到，《秋天》这篇课文的文化现象。而我对这篇课文的喜爱，恰恰深藏在它鲜为人知的文化现象里。

有人问，《秋天》这篇课文有文化吗？

有人说，《秋天》不就是一篇写景的文章吗？落叶、大雁，不就是秋天比较有特征的两种景象吗？

是的，大多数人都是这么认为的。

但是，如果我们稍稍有点中国文化意识，你就会发现，课文选择的两种景象：落叶、大雁，在中国文化语境中，恰恰不是两种纯粹的自然景象，它们更是两种典型的文化意象。

夏丏尊先生在《我在国文科教授上最近的一信念》中，说过这样一番话：

> 在语感锐敏的人的心里，“赤”不但只解作红色，“夜”不但只解作昼的反对吧。“田园”不但只解作种菜的地方，“春雨”不但只解作春天的雨吧。见了“新绿”二字，就会感到希望焕然的造化之工、少年的气概等等说不尽的情趣。见了“落叶”二字，就会感到无常、寂寥等等说不尽的诗味吧。

在这里，夏先生说的是语感，他认为语文学习的第一要紧就是训练语感。但是，我们刨根究底问下去，为什么语感锐敏的人见了“落叶”二字就会感到无常、寂寥呢？这种感觉仅仅只是属于他个人的，还是一种集体无意识呢？

我们还可以继续追问，在语感锐敏的人的心里，见了“大雁”二字，又可能产生怎样的情趣和诗味呢？

这就必须回到“大雁”的文化语境、文化意象了。

“北雁南飞”最初当然只是一种自然现象，但是，在我们的文化语境中，它却慢慢成为一种蕴含和寄托着某些特殊心情的文化意象。

范仲淹的《渔家傲·秋思》就写到过“大雁”：

塞下秋来风景异，
衡阳雁去无留意。
四面边声连角起。
千嶂里，
长烟落日孤城闭。

《寒香诗思图》　宋·马远

这里的“大雁”，正是作为一种思乡的意象出现的。

陆游的《秋夜出门观月》也写到过“大雁”：

六十衰翁适得闲，一秋无事掩柴关。
雁来惨淡沙场外，月出苍茫云海间。

这里的“大雁”，则是作为一种悲壮的意象出现的。

王实甫的《西厢记·长亭送别》也写到过“大雁”：

碧云天，黄花地，西风紧。北雁南飞。晓来谁染霜林醉？总是离人泪。

这里的“大雁”，则是作为一种离愁的意象出现的。

晏殊的《清平乐·红笺小字》也写到过“大雁”：

红笺小字。说尽平生意。鸿雁在云鱼在水。惆怅此情难寄。

这里的“大雁”，则是作为一种相思的意象出现的。大家知道，鸿雁传书是一个古老的传说，所传的“书”就是书信。

我们看南朝的乐府民歌《西洲曲》，就有“忆郎郎不至，仰首望飞鸿”。“望飞鸿”就是盼望书信，谁的书信？当然是情郎的书信。

我们看李清照的词《一剪梅》，就有“云中谁寄锦书来，雁字回时，月满西楼”。大雁没有带来盼望已久的书信，于是，“此情无计可消除，才下眉头，却上心头”。

在文化语境中，大雁就不再是一种纯粹的候鸟，不再是一种自然的生物，大雁成了一种情感的象征、一种文化的符号。

有人说，一年级的孩子，那么小，又没读过多少书，有必要给他们讲这么多、这么深奥的东西吗？

你觉得很难、很深奥吗？其实，一点都不难，一点都不深奥。因为，文化就是我们的生活，意象就是我们的情感。

只要从孩子的情感和生活入手，他们完全可以接受和理解“大雁”这种文化意象的内涵。

我就是这样带着学生走进“大雁”这个文化意象的。

先问问学生：“你们知道鸽子会传递书信吗？”孩子们都知道。再告诉学生：“传说大雁也跟鸽子一样，可以给人们传递书信呢。”这就把“鸿雁传书”渗透到了语文学习中。

然后，你创设一个贴近学生生活实际的情境：有一次，妈妈去外地出差，一走就是好多天，你会想妈妈吗？当然想啊！你想对妈妈说些什么呢？

有的说：妈妈，我想你！好想好想你！

有的说：妈妈，你在外地还好吗？你要保重身体啊！

有的说：妈妈，我在家里挺好的，你不要担心我。

可是，这些话妈妈听不到啊？怎么办呢？把它们写下来，写成一封短短的信。有些不会写的字，可以用拼音来代替。

信是写好了，可是怎么寄给妈妈呢？我们请大雁帮我们寄信，好吗？好啊！孩子们很开心！

于是，当这样的审美情境融入课文学习时，孩子们发现“一群大雁往南飞，一会儿排成个‘人’字，一会儿排成个‘一’字”已经不只是一种秋天的景象了，因为，大雁们带上了自己对妈妈的思念、牵挂和爱。

这就有了课堂上我和学生之间这样的对话性朗读。

我读：孩子们看啊，带着你对妈妈的思念。

学生读：一群大雁往南飞，一会儿排成个“人”字，一会儿排成个“一”字。

我又读：看啊，带着你对妈妈的牵挂。

学生接着读：一群大雁往南飞，一会儿排成个“人”字，一会儿排成个“一”字。

我继续读：看啊，带着你对妈妈的爱。

学生也继续读：一群大雁往南飞，一会儿排成个“人”字，一会儿排成个“一”字。

通过这样一种审美的、诗性的学习，大雁和传书、大雁和思念、大雁和离愁就这样很自然地联结在一起。

于是，自然界的大雁在学生心里就化作了文化的大雁，生物学上的大雁在学生心里就升华为情感的大雁。

而这样的文化情感不只是当下这些学生的体验，同时也是几千年来我们这个民族共同的体验。因为，**我们学的是母语，它就是我们每个人的精神底色；我们学的是国语，是有着三千多年文化传承的语言，它就是每个中国人的文化国籍。**

二

其实，文化一点儿都不玄。我们课文中出现的类似于像“大雁”一样的文化意象，正是我们打开中国文化之门的一把把金钥匙。

“统编本”小学语文教材三年级上册有苏轼写的一首诗《饮湖上初晴后雨》：

水光潋滟晴方好，
山色空蒙雨亦奇。
欲把西湖比西子，
淡妆浓抹总相宜。

《西湖图》（局部）　清·关槐

这首诗写于宋神宗熙宁六年（1073）。那时，苏轼第一次来杭州做官，做的是杭州通判。这时候的苏轼，还没有经历“乌台诗案”，所以，还没有贬官黄州，也还没有“东坡居士”这个名号。

诗的前两句，写西湖的晴姿雨态：“水光潋滟”是晴姿，“山色空蒙”是雨态，都很美。诗的后两句，由见闻到联想，把晴姿雨态的西湖比作淡妆浓抹的西施，点出了西湖全天候的美。

“天下西湖三十六，就中最好是杭州。”这是今天人们的公论。而苏轼的这首《饮湖上初晴后雨》，更是被誉为“西湖千古定评”。也正是从这首诗开始，西湖有了一个风情万种的别称——“西子湖”。

有人说，诗的前两句写得好，好就好在写出了西湖晴雨不同的美；诗的后两句写得好，好就好在以西施的美来衬托渲染西湖的美，从而使西湖美上加美。

问题是，西湖的晴雨，有很多美景可以入笔啊！

比如杨万里的《晓出净慈寺送林子方》：

毕竟西湖六月中，
风光不与四时同。
接天莲叶无穷碧，
映日荷花别样红。

《太液荷风图》　宋·冯大有

为什么不写一写接天的莲叶、映日的荷花呢？

比如白居易的《钱塘湖春行》：

几处早莺争暖树，谁家新燕啄春泥。
乱花渐欲迷人眼，浅草才能没马蹄。

《苏堤春晓图》（局部） 清·董邦达

为什么不写一写争暖树的早莺、啄春泥的新燕呢？

比如苏轼自己的《六月二十七日望湖楼醉书五首》之一：

黑云翻墨未遮山，白雨跳珠乱入船。
卷地风来忽吹散，望湖楼下水如天。

为什么不写一写湖上的画舫、湖畔的楼台呢？

还有，西湖可有一比的，也有不少啊！

比如，“湖上春来似画图，乱峰围绕水平铺”。在白居易的眼中，西湖像一幅图画。

比如，“若把西湖比明月，湖心亭似广寒宫”。在周起渭的眼中，西湖像一轮明月。

比如，“西湖明珠自天降，龙飞凤舞到钱塘”。在民间传说中，西湖像一颗明珠。

其实，懂点历史的人都知道，西湖和西施根本就没有任何关联。西施既不是生在西湖，一生也没有到过西湖。西施生在越国会稽，准确一点说，生在今浙江诸暨的苎萝村，她姓施，家在西苎萝村，就被称为“西施”。后来因为吴越相争，作为越国“美人计”的主角，西施到了吴国。吴国被越国灭亡之后，传说她追随范蠡归隐“五湖”，不知所终。“五湖”就是现在的太湖一带。

那么，苏轼写西湖，为什么要这样比呢？而且，这一比，又被誉为“千古一比”，它的妙处、神韵究竟在哪里呢？

苏轼这首诗的奥妙，不在于他写了什么、比了什么，而在于他为什么只写这个，只比这个。

三

要破解这些奥妙，就得首先破解“水”这个文化意象的奥妙。

在中国文化语境中，水和女性有着天然的联结，“女人如水，以水喻女”，是我们这个民族由来已久、根深蒂固的审美理念、文化意象。

在我们的生命观念中，女性是人类的母亲，水是一切生灵的母亲，所以，女性和水都是生命之源。在我们的哲学观念中，乾道成男、坤道成女，女性是阴柔顺承的象征。而“水者，阴也”，“水，善利万物而不争”。所以，女性和水皆属阴柔之美。

当然，这是一种观念层面上的解读。既然“女人如水，以水喻女”是成立的，那本体和喻体之间一定还有某种相似性存在。那么，我们的文化又是如何解释的呢？

第一点，水和女性在形态上有相似性。

我们看水，江水滚滚，河水滔滔，湖水荡漾，海水汹涌，溪水蜿蜒，无论哪种水的形态，一定呈现一种流动的曲线。这跟女性身体的流线型，非常相似。我们形容女性的眼波是“秋水盈盈”“含情脉脉”，形容女性的身姿是“清水出芙蓉，天然去雕饰”，形容女性的娇美最传神的那个词语就是“水灵”。

第二点，水和女性在质地上有相似性。

水的质地，触觉上是一种绵柔，视觉上是一种绵绵不绝。女性多情、重情，跟水的质地也非常相似。我们形容女性的思念是“望穿秋水”，形容女性的温婉是“柔情似水”，形容女性的相思愁绪是“汴水流，泗水流，流到瓜洲古渡头。吴山点点愁”。

第三点，水和女性在纯度上有相似性。

孔子论水，其中有一点是这样说的：“不清以入，鲜洁以出，似善化。”意思是说，无论什么脏东西入水，最后都能被水洗得干干净净，好像善施教化。孔子是从德性的角度去观水，但其中道出了水的一个属性，它本身是纯洁的、纯净的。而我们的文化对女性的贞操极为重视，清白的女儿身就像水一样纯洁、纯净。我们习惯用清白、清纯、清丽、清雅、清婉等词语来形容女性的品性。所以，

《红楼梦》里贾宝玉才这样说："女儿是水做的骨肉，男人是泥做的骨肉。"他见了女儿便觉得清爽，见了男人便觉得浊臭逼人。

正因为水和女性有着如此天然、如此相似的联结，所以，在中国文化语境中，女人如水，以水喻女，成为我们这个民族共同的审美观念。

也只有把苏轼的这首《饮湖上初晴后雨》放在"水"这个文化语境中，我们才能真正领略其中的奥妙。

其实，解读应该逆向而行。"欲把西湖比西子"，西施是女性、是美女，那么，作为本体的"西湖"就应该着力描绘它的水。

诗的第一句"水光潋滟晴方好"，描写的正是"水"，而且是纯粹的水。"潋滟"一词，形容的正是一种美妙的水姿。

诗的第二句"山色空蒙雨亦奇"，不要以为写的是西湖的山，其实写的也是水，"空蒙"一词，形容的正是朦胧、迷茫的水。而这样的水需要通过山色来呈现。

第一句写的是湖面的水，第二句写的是天上的水。第一句写的是晴天的水，第二句写的是雨天的水。第一句写的是水光，而不是水波，水光是虚的，水波是实的；第二句写的是山色，而不是山雨，山色是虚的，山雨是实的。所以，第一二两句诗写的都是水，但都不是实写，写得非常空灵。

这样的水，无论晴雨，都是美的。

那么，除了写水，还需要写别的吗？比如前面提到的，接天的莲叶、映日的荷花，争暖树的早莺、啄新泥的新燕，湖中的画舫、湖畔的楼台。根本不需要，因为，它们都不是水。一旦写了，只会破坏诗中水意象的纯粹、凝练。

于是，在做足了水的文章之后，千古一比终于亮相，这一亮相，

△《浣纱图》 清·费丹旭

惊艳了一代又一代的读者。

为什么比的不是图画、不是明月、不是明珠呢？因为，它们都不属于中国文化语境中水意象的范畴，也都不可能天然地跟女性联结起来。

由水联想到女性，这就是中国文化语境的独特审美趣味。

但是，我们的领悟还可以再深入一步，既然联想到的一定是女性，当然一定是美女。那么，中国古代出了名的美女也不只是西施一人啊。四大美女，家喻户晓。为什么独独联想到西施，而不是落雁的昭君、闭月的貂蝉、羞花的杨贵妃呢？

细细分析，你会发现，西湖比西子，更有许多妙处：

第一，从地域上看，西湖和西施都属于古越国，一个在杭州，一个在绍兴诸暨，挨得很近，这是第一个天然优势。

第二，从形象上看，我们是用“沉鱼”来形容西施的美貌的。这是为什么呢？原来，西施本是一个浣纱女，常常在暨阳的江边浣纱。至今，暨阳的江边还有一块大石，上面刻有书圣王羲之亲笔所写的“浣纱”二字，传说这就是西施浣纱的地方。当西施浣纱时，江水映照着她的身影，吸引着鱼儿纷纷游过来欣赏，以至于忘了游水，沉到江底，这就是“沉鱼”的出典。在中国古代四大美女中，直接跟水相关的只有西施，这是第二个天然优势。

第三，从气质上看，在四大美女中，昭君冷艳，貂蝉妩媚，杨贵妃雍容，唯有西施美得清丽，天生丽质，不假修饰，跟西湖的天然美完全匹配，这是第三个天然优势。

第四，从音韵上看，“西湖”“西子”，两个词语的第一字都是“西”，读起来有一种特殊的音韵美。如果写成“欲把西湖比貂蝉”，在音韵上就索然无味了。这是第四个天然优势。而且，苏轼把“西施”称作“西子”，更多了一层仰慕之情，让人备感亲切，仿佛这位美人就在身旁，活色生香，呼之欲出。

欲把西湖比西子，还有更为绝妙的一点。

我们知道，西湖的美，人人可见，这是一种有现场感、现实性的美，当然，每个人对西湖美的感受也会不同，但毕竟要受制于西湖这个特定的自然环境。但是，西施的美谁也没有亲眼见过，不可能像西湖一样具有现场感、现实性，她只能活在我们的想象中。这种想象是无尽的，是不受限制的，你可以尽情地想象西施的美——

风情万种，仪态万方。只可意会，不可言传。

这种活在想象中的美，才是真正的空灵之美，才是无言的大美。

这样的神来之比，无疑极大地丰富和提升了西湖之美的内涵和境界。

四

学好语文，很多时候恰恰需要这样一种中国气象的文化视野。其实，说到中国文化的水意象，说到中国文化中水与女性的审美趣味，我们还可以从更多更有意思的现象中加以讨论。

比如，中国古代四大民间传说，就跟水有着密不可分的联系。

《白蛇传》，讲的是白娘子和许仙的爱情故事。故事的主要场景就在西湖。白素贞与许仙因为在西湖上同舟避雨，于是一见钟情。电视连续剧《新白娘子传奇》的主题曲《千年等一回》中就有这样的歌词：“雨心碎，风流泪。梦缠绵，情悠远。”因为，湖水和雨水成了他俩爱情的催化剂，成为这缠绵悠远的爱情的最好见证。

《梁山伯与祝英台》，讲的是梁山伯和祝英台的爱情故事。故事也跟西湖有关，因为当年，梁山伯和祝英台就是在西湖边上的万松书院一起读书、结下情缘的。这个传说的结尾，是祝英台被迫出嫁的时候，绕道前往梁山伯墓祭奠。祝英台在墓前恸哭，感动上天，只见电闪雷鸣、风雨大作，山伯的坟墓突然开裂。这时，英台跳进坟中，墓迅速合拢。风停雨霁，彩虹高悬，两只蝴蝶从墓中飞了出来。梁祝化蝶，必须通过上天的雨水来催生。

《写生蛱蝶图》　宋·赵昌

《牛郎织女》，讲的是凡人牛郎和仙人织女的爱情故事。他们的爱情，就是因为织女在河里洗澡，牛郎悄悄拿走她的衣服。织女因此无法返回天庭，两人一见钟情，结为夫妻。河水成了他俩相爱的缘起。后来，隔断他们相爱的，还是一条河，只不过这条河不在地上，在天上，它叫银河。但是银河依然没有完全隔断他们的爱情，喜鹊搭桥，于是就有了牛郎织女七月初七在鹊桥相会的节日。银河的水，反而成了永远相爱的见证。

《孟姜女哭长城》，讲的是范喜良和孟姜女的爱情故事。孟姜女万里寻夫来到长城，得到的却是丈夫死亡的噩耗。她在长城脚下痛哭三天三夜，长城轰然坍塌，露出范喜良的尸骸。孟姜女安葬了丈夫之后，投海自尽。哭倒长城的，还是水，那是孟姜女的无尽思念的泪水、无尽悲痛的泪水、无尽控诉的泪水。

水在这里不仅跟女性密切相关，同时还成了爱情的象征。西湖的水，是白娘子与许仙的爱情象征；天上的水，是梁山伯与祝英台的爱情象征；银河的水，是牛郎与织女的爱情象征；眼中的水，是孟姜女与范喜良的爱情象征。

所以，如果你不了解“大雁”这个具有中国气质的文化意象，你就感受不到《秋天》这篇课文背后所蕴含的我们这个民族独特的情感倾向和审美趣味；如果你不能借助“水”这个饱含中国神韵的文化意象摆渡，那么《饮湖上初晴后雨》这首诗所蕴藏的中国诗性智慧和民族独特气韵，你就无法触及，更无法体味；如果你不能将四大民间故事置于中国水文化的背景下，你就无法理解这些民间故事的细节中所折射的我们这个民族的生命哲学、美学气象。

语文的背后，是绵延千年的中国血脉，是横亘万里的华夏根系。学语文，就是精神返乡。

学语文需要转化密码

一

李清照写过一首很有名的词，叫《声声慢》：

寻寻觅觅，冷冷清清，凄凄惨惨戚戚。乍暖还寒时候，最难将息。三杯两盏淡酒，怎敌他、晚来风急。雁过也。正伤心，却是旧时相识。　　满地黄花堆积。憔悴损，如今有谁堪摘。守着窗儿，独自怎生得黑。梧桐更兼细雨，到黄昏、点点滴滴。这次第，怎一个愁字了得！

有人夸赞写这首词的李清照“乃公孙大娘舞剑手”（宋·张端义《贵耳集》）；有人嫌“舞剑手”夸得太含蓄，干脆直截了当地夸李清照“真此道本色当行第一人也”（清·刘体仁《七颂堂词绎》）。夸人，当然是因为这首词写得好。有人夸赞这首词用了八个字，“情景婉绝，真是绝唱”（明·茅暎《词的》），连用两个“绝”字，第一个是“婉绝”，第二个是“绝唱”，夸得也算是“绝了”；有人嫌“婉绝”“绝唱”的夸赞太过抽象，干脆来了个实实在在的夸，说这首词“全篇字字写愁，层层写愁，却不露一‘愁’字，末尾始画龙点睛，以‘愁’归结。而又谓‘愁’不足以概括个人处境，推进一层，愁情之重，实无法估量”（刘乃昌《宋词三百首新编》）。

这首词写得实在是太好了！不仅打动了许许多多的中国读者，也打动了不少外国读者。这不，清朝末年，有一位在中国做外交官的法国人，叫克洛代尔，他本人也是一个诗人，把李清照的这首《声声慢》做了改写，

《李清照小像》　清·姜壎

题目叫作《绝望》：

呼唤！呼唤！
乞求！乞求！
等待！等待！
梦！梦！梦！
哭！哭！哭！
痛苦！痛苦！我的心充满痛苦！
仍然！仍然！
永远！永远！永远！
心！心！
存在！存在！
死！死！死！死！

我猜想，要是李清照还活着，读了这首诗，不要说绝望，估计连跳楼的念头都会有。

这首诗要是用法语写，在法国发表，供法国人阅读，估计还能吸引一些法国读者。克洛代尔一生写了大量的自由诗，根本不讲究格律，完全就是分行的散文。他自己说，这种强有力的节奏，是为了配合人的呼吸，在朗读的时候能产生巨大的感染力。

要知道，人家一向就有这样一种大呼小叫、直抒胸臆的传统。但是，中国诗词，尤其是中国古典诗词；中国语文，尤其是中国古典语文，完全不是这种做派，完全没有这种传统。

举个例子，说“我想你”，中国诗词一定不会赤裸裸地不加掩饰地无所顾忌地跟你说“我想你！我想你！我想你！我想死你了”。怎么说才是很中国的呢？

我住长江头，
君住长江尾。
日日思君不见君，
共饮长江水。

——李之仪《卜算子》

《长江万里图》（局部） 宋·夏圭

这是借滔滔不绝、绵绵不断的长江水说“我想你”。

思君如满月，夜夜减清辉。

——张九龄《赋得自君之出矣》

这是借圆了又缺、缺了又圆的月亮说“我想你”。

《露台月夜图》 元·张可观

红豆生南国，春来发几枝。
愿君多采撷，此物最相思。

——王维《相思》

这是借望夫不归、泣血而成的红豆说“我想你”。

陌上花开，可缓缓归矣。

——钱镠《与夫人书》

这是借一路春色、万紫千红说“我想你”。

晓看天色暮看云，行也思君，坐也思君。

——唐寅《一剪梅》

这是借晓风残月、暮云春树说“我想你”。

中国诗词的语言是意象的语言，而不是词汇的语言；是感觉的语言，而不是逻辑的语言。对诗人来说，他不是依靠大前提、小前提、因为、所以这样来写作的，也不是因为要表达一种思想、一种情绪才有诗句，而是要把他所感到的最深切、最鲜明的意象传递出来。

我们看李清照的《声声慢》，怎一个“愁”字了得！但是李清照说“愁”了吗？说自己“愁啊愁”了吗？说自己“愁死了！愁得不行了”吗？没说啊。她用什么说？她用“几杯淡酒”说，用“晚来风急”说，用“雁过也”说，用“满地黄花”说，用“梧桐更兼细雨”说——这些都是悲秋的意象。透过这些意象，我们强烈感受到李清照的孤独、纠结、郁闷、百无聊赖。

余光中先生说：**所谓意象，即是诗人内在之意诉之于外在之象，读者再根据这外在之象试图还原为诗人当初的内在之意。**

简单地说，诗人写的是意象，我们读的也是意象。诗人用意象表达自己的思想感情，而不是让思想感情直接站出来说话，这叫“立象以尽意”；我们读诗词，就要把这个意象还原出来，这样才能体悟诗人的内心世界，这叫“明象以见意”。

二

举个《红楼梦》的例子。

《红楼梦》第四十八回叫“滥情人情误思游艺　慕雅女雅集苦吟诗”。这“慕雅女雅集苦吟诗”写的就是香菱跟黛玉学作诗。香菱想学诗，跟黛玉说，她只爱陆游陆放翁的诗，什么“重帘不卷留香久，古砚微凹聚墨多”。黛玉一听，马上张口否定，叫香菱断断不可看这样的诗。为什么呢？因为香菱不懂诗，见了浅近的就爱。

那么，要读谁的诗呢？黛玉告诉香菱，先读王维的五言律诗，读上一百首，要细心揣摩、烂熟于心；然后，读杜甫的七言律诗一二百首；再然后，读李白的七言绝句一二百首。肚子里先要有这三个人的作品作底子才行。你看，黛玉多会挑诗啊！王维，号称“诗佛”，最擅长五律；杜甫，号称“诗圣”，最擅长七律；李白，号称“诗仙”，最擅长七绝。这叫“取法乎上”，要么不读，要读就读最好最顶尖的。香菱很听话，老老实实照着黛玉说的去读了，先读王维的五言律诗。

过了一段时间，香菱来向黛玉汇报。黛玉问她有什么心得，她说：“据我看来，诗的好处，有口里说不出来的意思，想去却是逼真的；有似乎无理的，想去竟是有理有情的。”她就举了个例子，王维的《使至塞上》，其中有两句是这样写的：

大漠孤烟直，长河落日圆。

香菱说：“想来烟如何直？日自然是圆的。这‘直’字似无理，‘圆’字似太俗。合上书一想，倒像是见了这景的。若说再找两个字换这两个，竟再找不出两个字来。”

香菱多聪明啊！她能讲出这么一段话，说明她已经懂了诗的“三昧”。香菱这番话里，最重要的是一个字——“见”。倒像是见了这景的“见”。见什么？见景。这里的“景”，就是我们前面讲到的“意象”。

香菱又举了王维的另一首诗——《辋川闲居赠裴秀才迪》，其中有两句是这样写的：

渡头余落日，墟里上孤烟。

香菱说：“这‘余’字和‘上’字，难为他怎么想来！我们那年上京来，那日下晚便湾住船，岸上又没有人，只有几棵树，远远的几家人家作晚饭，那个烟竟是碧青，连云直上。谁知我昨日晚上读了这两句，倒像我又到了那个地方去了。”

第一个例子，香菱只说“倒像是见了这景的”，但没有具体展开说。这一次，像中国画的白描一样，香菱把“见了这景”的景用文字画了出来。

王维写“大漠孤烟直，长河落日圆”，“渡头余落日，墟里上孤烟”，这叫“立象以尽意”；香菱读王维的诗，倒像是见了这景的，还用白描的手法把这景画了出来，这叫“明象以见意”。

我们说，学习中国古典诗词也罢，学习中国语文也罢，实质就是在言和意之间转化。诗人写诗，是把意转化成言；我们读诗，是把言转化成意。但是，这种转化不是直接的、一步到位的，需要一个转化的中介、一个转化的密码，这个密码就是“象”。所以，**诗人写诗，要先把意转化为象，再把象转化为言；而我们读诗，要先把言转化为象，再把象转化为意。**

意象这个转化密码，是学好语文、学好诗词的核心秘密。

三

有人说，读中国诗词确实需要意象这个转化密码，难道学现在的白话文也需要意象这个转化密码吗？答案是肯定的，不但需要，而且必要；不但必要，而且非常重要。

举个例子，“统编本”语文教材六年级有一篇课文叫《我的伯父鲁迅先生》，是鲁迅先生的侄女周晔写的。这是一篇白话文，回忆了周晔跟伯父鲁迅先生之间发生的五件事，第一件，谈《水浒》；第二件，谈“碰壁”；第三件，放花筒；第四件，救助车夫；第五件，关心女佣。用这样五件事，来表现鲁迅先生“为自己想得少，为别人想得多”的崇高品质。

在写救助车夫这件事时，有这样两段话：

> 有一天黄昏，呼呼的北风怒号着，天色十分阴暗。街上的人都匆匆忙忙赶着回家。爸爸妈妈拉着我的手，到伯父家去。走到离伯父家门口不远的地方，看见一个拉黄包车的坐在地上呻吟，车子扔在一边。
>
> 我们走过去，看见他两只手捧着脚，脚上没穿鞋，地上淌了一摊血。他听见脚步声，抬起头来，饱经风霜的脸上现出难以忍受的痛苦。

有经验的语文老师，一般都会关注其中的一个词语——饱经风霜。因为，第一，这是一个成语，有特定的含义，要理解它不能望文生义；第二，这个成语很好地刻画了车夫的外貌特征。理解了这个成语，可以更好地理解车夫的社会地位和生活境况。理解了车夫的社会地位和生活境况，可以更好地理解鲁迅先生救助车夫的崇高品质。“为自己想得少，为别人想得多”就有了一个生动事例，“横眉冷对千夫指，俯首甘为孺子牛”就有了一个典型意象。

但是，关注归关注，等到具体的语文教学时，处理方式还是会因为理念的不同而有很大差异。

一位语文老师是这样处理的。事先，他让学生做了充分的预习，该解释的解释，该查字典的查字典。课上讲到这两段话时，老师问，你们知道“饱经风霜”是什么意思吗？学生反应很活跃，一个说，老师，“饱经风霜”是指一个人很穷，没有东西吃，只好去喝西北风。老师一听，有点生气，说：喝西北风能填饱肚子吗？拜托！动动脑子。一个说，老师，“饱经风霜”是指一个人吃了很多很多的苦头。老师一听，脸色马上多云转晴，说，你们看，她就比他聪明多了，她看到“风霜”，就知道那不是风霜，是什么？是苦头。当然，说苦头有点俗，有没有更准确的说法？只见又一个孩子站起来，自信满满、声音响亮地说，老师，饱经风霜就是形容一个人经历了很多艰难困苦。老师一听，乐坏了，追问这个孩子，你是怎么知道的？这个孩子说，我查过《词语手册》，我还把这个解释抄在书上了。老师说，太好了！学习语文就需要你这样的好习惯啊！老师继续说，请大家打开《词语手册》，我们一起来读一读“饱经风霜”的解释，争取把它记下来。于是，全班同学齐声朗读，“饱经风霜”是形容经历过很多艰难困苦。一遍不够，两遍，两遍不够，三遍。直到全班学生闭上眼睛都能脱口而出，这位老师才放心。

这样学语文有效吗？当然有效！不信，马上出道题目考一考。

考什么？解释带点词语的意思，这里的“风霜”指什么。我敢保证，百分之九十九的孩子肯定通过。那个没通过的百分之一，那天刚好请假，没读过。

来看另一位语文老师，他的处理方式跟第一位语文老师完全不同。

第一步，老师问：“同学们，请闭上眼睛想一想，在生活当中，你们有没有看到过‘饱经风霜’的脸？如果有，请你们举手示意一下。”结果，陆陆续续地举起一片小手来。

第二步，老师继续说：“现在请你用自己的话来说一说车夫的这张脸，但是有一个小小的要求，不能用上‘饱经风霜’这个词语，而你呢，要把这个意思说出来。”说实话，这个要求是有难度的。但是因为有前面那个环节，把孩子们的生活体验激活了、调动起来了，所以，尽管有难度，还是有不少学生举起了手。

一个说：“老师，我看到那个车夫额头上布满了一道又一道皱纹，嘴唇干裂干裂的，有一道一道的裂纹，眼眶深深地陷进去，颧骨高高地突出来。”老师说：“对！这就是一张饱经风霜的脸。”

一个说：“老师，我看到那个车夫的脸色蜡黄蜡黄的，他实际上只有三十来岁，但是看上去已经有五十好几了。”老师说：“对！这是一张饱经风霜的脸。”

一个说：“老师，我看见的模样是这样的，他的头发乱得像一堆杂草，脸精瘦精瘦的，就剩一张皮了，明显营养不良。”老师说：“对！这就是一张饱经风霜的脸。”

三个人，三张脸，张张不说“饱经风霜”，张张说的又都是“饱经风霜”。

第三步，老师又说：“同学们，那你能不能从这张饱经风霜的脸上看出一些别的什么来呢？”我们知道，真正会看人的人，有两只眼睛，一只眼睛看人的外貌、模样，另一只眼睛，看这个人外貌背后的东西，比如他的职业、他的身份、他的社会地位、他的文化背景、他的性格特点、他的为人处世等。那么，学生从车夫的这张脸上看出了什么呢？

一个说：“我知道车夫干活肯定非常累，没日没夜地拉车，不管是烈日酷暑，还是暴风骤雨，为了家庭生活，他要拼命干活。”

一个说：“车夫的家里肯定很穷，估计是吃了上顿没下顿。”

一个说：“车夫肯定累坏了，身体肯定不好，他是带病拉车，他肯定是被生活所逼，没有办法，本来他应该休息的。”

第四步，老师接着说：“是呀！就是这样一个车夫，天那么冷，风那么大，他竟然还赤着脚在拉黄包车。现在，他的脚被玻璃的碎片刺破了，他躺在地上痛苦地呻吟，他想起来却又起不来。如果你当时就在现场——”这后半句话根本就不用老师说了，哪个学生还会不明白呢？

一个说：“我要是在场，我一定把身上所有的钱都掏出来给他。”也不知他身上到底有钱没钱？爱心可嘉呀！

一个说：“我要是在场，我就用车夫的黄包车把他拉到人民医院去。”老师心里说，就你这点力气，拉得动吗？管你拉得动拉不动，心动就令人感动。

一个说：“我要是在场，就立马打电话给我爸爸，因为我爸爸是外科医生。”

一个说：“我要是在场，就找警察叔叔帮忙。有一次上学路上，我的脚扭了，就是警察叔叔帮忙送我去的医院。”

老师最后说：“同学们，我很感动，因为，你们都是有爱心、有同情心的孩子。那么，让我们看看，鲁迅先生又是怎么对待这位黄包车夫的。”

大家看，学的是同一个词语“饱经风霜”，但是，处理的方式有天壤之别。一个，三下五除二，就这么简简单单地解决了，看起来效果好像不错。一个，又是体验、又是猜测、又是想象、又是感悟，风生水起，层层推进，把“饱经风霜”这个词语的形象、情味和意蕴演绎得栩栩如生，历历在目。

有人问，究竟哪个处理方式的最终效果是好的呢？

过了半个学期，谁也不知道我们要检测。我们谁也没通知，没通知语文老师，没通知上课学生，我们搞了一次别开生面、与众不同的检测。

检测内容很简单，一共就两道题。第一题，请学生在括号里填上可以用来形容一个人外貌的词语，只要是恰当的，越多越好。第二题，请学生观察一幅油画《父亲》，这幅油画是罗中立画的，很有名。“父亲”的脸，是一张典型的具有中国特色的饱经风霜的脸。

父亲头裹白布，手捧旧碗，在阳光照射下满脸黝黑。脸上，刻满了一道一道岁月的皱纹；他的眼睛忧郁，嘴唇干裂，似乎刚经过一阵辛苦的劳作，正想端着水喝上一口。

观察以后，请学生用自己的语言写一写“父亲”这张脸。就这么两道题，40分钟一节课完成。我们定的检测标准也与众不同，第一题，只要能写出“饱经风霜”这个词的就得分；第二题，只要在描写“父亲”这张脸时能用上“饱经风霜”这个词的就得分。因为，我们的目的只有一个，看看两种学法过去半个学期之后，学生对“饱经风霜”这个词的掌握程度。

检测的结果如何呢？第一题，写出“饱经风霜”这个词的，第一个班，就是前面那个班，占了19%；第二个班，就是后面那个班，占了94%。第二题，能用“饱经风霜”这个词来形容“父亲”这张脸的，第一个班，占了9%；第二个班，占了91%。我想，这个数据摆在面前，这个差异是不用再搞什么显著性检验了。因为，差得太明显了。

那么，为什么会这样呢？有专家说，这很容易解释，你看，第一个班的学生，对“饱经风霜”这个词处于消极语汇状态。什么是消极语汇？就是他知道这个词语，知道什么是饱经风霜，你让他解释，没问题。但是，知道归知道，他就是不会运用，不会在新的语境中主动有效地使用这个词。

第二个班的学生，正好相反，他们对“饱经风霜”这个词处于积极语汇状态。什么是积极语汇？就是他懂，他能意会，他可能说得清也可能说不清这个词的解释，但是，他记得很清楚，他会用，他会在新的语境中自动自觉地使用这个词。

一句话，消极语汇就是“不会用”的语汇，积极语汇就是“会用”的语汇。这个解释是对的。但是，我们还要继续追问——

为什么那样学，就成了消极语汇？为什么这样学，就成了积极语汇？

破解的密码就在“意象”这里。

第一个班级学习“饱经风霜”，是从“言”，就是“饱经风霜”这个词，直接走向“意”，就是对“饱经风霜”这个词的解释，形容经历了很多艰难困苦。从“言”直接到“意”，是一种抽象的、逻辑的学习，是一种左脑型的学习，这样学语文，没有打通表象、情感、愿望、意志、直觉、灵性乃至潜意识的东西，没有根，学到的语文既是浮光掠影的，又是支离破碎的，处于一种蛰伏的状态。

第二个班级学习“饱经风霜”，也经历了从“言”到“意”的过程，但这个过程不是直接的，这个经历不是线性的，中间有一个非常重要、非常关键的转化密码——象。他们的学习，是从“言”先到“象”，从“象”再到“意”。大家回想一下那个过程，有体验、有想象、有形象、有情感、有感悟、有运用，当然也没有排除理性和理解。但是，所有这一切，都是紧紧围绕“意象”展开的。

这样的学习，既需要左脑的参与，更需要右脑的加工，是一种全脑型的学习。正是**通过“意象”这个中介，学生的语文学习实现了具象与抽象、感性与理性、情感与理智、头脑与心灵、意识与潜意识的有机统一**。这才是有根的语文，这个根，深深植入学生言语生命的最底层，随时处于一种觉醒的状态。

四

看起来浅显明了的白话文，学习它也需要一个转化密码——意象。那么，学习中国古典诗词，当然更需要我们对这个转化密码——意象有一种高度自觉。

比如，我们读唐代诗人张志和的《渔歌子》：

西塞山前白鹭飞，
桃花流水鳜鱼肥。
青箬笠，绿蓑衣，
斜风细雨不须归。

《桃花源图》（局部） 明·钱榖

如果读这首词我们仅仅满足于这样的解释：西塞山前，白鹭在自由飞翔。溪边桃花盛开，水中鳜鱼肥美。一个渔翁，头上戴着青色的箬笠，身上披着绿色的蓑衣，在斜风细雨中钓着鱼，用不着回家。

那只能让自己的语文学习始终处在浮光掠影、支离破碎的蛰伏状态，也许考试有用，但是表达几乎无用，对言语生命的滋养更是无用。

要真正学好这首词，必须立足意象、围绕意象、完成意象的转化。这一方面是由中国古典诗词本身的特征决定的，另一方面则是由学好语文的基本规律决定的。

比如，“西塞山前白鹭飞”，这是一个意象。但是，这个意象的完成不在张志和那里，在你这里。你要将这个意象还原成画面、还原成场景、还原成种种具体生动的细节，在你的脑海里就像放电影一样。

那么，你可以怎样还原这个意象呢？

第一，赋形还原。

赋形，就是把抽象的文字符号转化为具体的形象、生动的画面、丰富的细节。白鹭飞，重点要赋形的不是白鹭这个静态的意象，而是白鹭飞这个动态的意象。它的焦点在这个“飞”字上。

曾经有不同的翻译者把这首词翻译成了英文。对于“白鹭飞”的“飞”，有着不同的翻译。一位把它翻译成“fly”，就是“飞”的意思；一位把它翻译成“fly up and down”，就是“上下飞行”的意思；一位把它翻译成“glide”，就是“滑翔、掠过”的意思。翻译成“fly”，仅仅表达了“飞”这个动作，没有表现出白鹭飞翔的姿态，显得单调；翻译成“fly up and down”，虽然体现了飞行位置的变化，但有些生硬；翻译成“glide”，不仅表现出白鹭飞翔的优雅姿势，而且呈现出白鹭自在飞翔的动态，很有画面感。

这种画面感，是你赋形还原的结果：白鹭在哪儿飞？白鹭在什么时候飞？有多少白鹭在飞？白鹭是怎么飞的？白鹭飞过哪些地方？白鹭一边飞一边都看见了什么？

在赋形还原中，你的眼前仿佛出现了这样的画面：

> 西塞山前，白鹭在自由地飞翔。它们从青翠的山色中隐隐飞来，一会儿在水面轻轻地掠过，一会儿在林间自如地穿行，一会儿在天空潇洒地飞舞，一会儿又隐隐地消失在青翠的山色中。
>
> 起风了，那是吹面不寒的杨柳风；下雨了，那是沾衣欲湿的杏花雨。白鹭又出现在青翠的西塞山前，它们时而静处，金鸡独立的姿态显出俊朗的神韵；时而相互追逐，矫健的身形倒映在清澈的溪流中；时而高飞,在一碧如洗的晴空划出一条优美的弧线。

本来只是七个字，“西塞山前白鹭飞”，现在通过你的赋形还原，变成了一个个动态的、连续的、生动的镜头。还原出来的，不仅有可视的画面，还有可听的声音、可触的质地、可感的体觉。

第二，切己还原。

切己，就是跟自己的生命联结起来。诗歌意象一旦和读者自己的经验打通，和自己的心灵相融，那么获得的审美感兴就会更加深切。

我有一次去广东江门的“小鸟天堂”，就是巴金先生写的《鸟的天堂》那个地方。我们到景点的时候已经是黄昏了，来到景点的亲水平台，映入我眼帘的就是那棵硕大的、郁郁葱葱的榕树。我们远远地望着，整个树林非常安静。不久，就有一只白鹭飞了回来，立在树枝上拍着翅膀。又过了一会儿，更多的白鹭飞来了，正如巴金先生所写的，“我们继续拍掌，树上就变得热闹了，到处都是鸟声，到处都是鸟影”，“有的站在树枝上叫，有的飞起来，有的在扑翅膀”。那一刻，你完全被这些白鹭给吸引了。你忘了大树，忘了大树背后的夕阳，忘了周围的一切，你沉浸在白鹭的世界里不能自拔。你在心里由衷地发出这样的感叹：“鸟的天堂”真的是鸟的天堂。

那一刻，你身上所有的烦恼，在白鹭优雅地飞过你的头顶，飞向那一朵影影绰绰地悬浮在水面上的绿色的云时，全都消失了。留恋，深深地留恋，是那一刻你最真切的感受。

这段原本属于你自己的生活经验和生命体验，在“西塞山前白鹭飞”这个意象的转化中，成了你解读这首词的重要背景。

第三，联想还原。

如果你有更多的阅读积累，那么，“西塞山前白鹭飞”自然会引起你丰富的类比联想。

你可能想起来了，那白鹭，曾经飞进李白的诗歌：

△《雪滩双鹭图》 宋·马远

白鹭下秋水，
孤飞如坠霜。
心闲且未去，
独立沙洲傍。

自由和孤独，从来都是结伴同行的。孤飞、独立，不过是自由境界的典型表情。这样想来，西塞山前的白鹭注定也是孤独的，但是，孤独又有何妨？

你可能想起来了，那白鹭，曾经飞进李德裕的诗歌：

碧沙常独立，清景自忘归。
所乐惟烟水，徘徊恋钓矶。

白鹭所乐，何尝不是渔翁所乐；白鹭所恋，何尝不是渔翁所恋。这样想来，白鹭乃是人中的渔翁，而渔翁则是鸟中的白鹭了。

你可能想起来了，那白鹭，曾经飞进吴融的诗歌：

溪边花满枝，百鸟带香飞。
下有一白鹭，日斜翘石矶。

溪边花满枝，繁华是他们的；百鸟带香飞，富贵是他们的。夕阳下，一只白鹭翘立在石矶上，飘飘乎如遗世独立。这样想来，西塞山前究竟有多少只白鹭在飞，已经没有多少意义了。也许，在渔翁眼中，只有一只白鹭在自由飞翔吧。

第四，象征还原。

诗歌意象跟一般物象不一样，因为诗歌意象毕竟融入了诗人的情感、心境和胸襟，是人化的物象，是诗人自身的生命投射在物象之上。从根本上说，意象不是外在于诗人的客观表象，而是内在于诗人的主观心象。

那么，白鹭飞这个意象就是诗人生命意志的对象化，本质上就是诗人心境和心灵的某种象征和隐喻。

《渔乐图》 明·丁玉川

禅宗有一个著名的公案，讲慧能大师有一天到了广州的法性寺。当时，正赶上印宗法师在讲《涅槃经》。这时，忽然吹来一阵风，把寺庙旗杆上的经幡刮得高高扬起。就听一个小和尚说，这是风在动；另一个小和尚说，这是幡在动。两个小和尚就争执起来，谁也说服不了谁。这时，慧能大师开口了："不是风动，不是幡动，仁者心动。"什么意思？不是风在动，也不是幡在动，而是你们两位的心在动。此言一出，震惊四座。

其实，从意象的角度看，我们也可以这样说，不是白鹭在飞，而是诗人的心在飞。我们也可以这样来感受，白鹭飞应该是诗人某种心境、某种生命境界的向往和象征。于是，一组富含象征意味的画面浮现在你的脑海中：

戴着斗笠、披着蓑衣的渔翁，凝望着西塞山前自由飞翔的白鹭，竟然忘了钓鱼、忘了时间、忘了自己，完全融入了白鹭飞的意境之中，觉得自己就是那只白鹭，从青翠的山色中隐隐飞来，一会儿在水面轻轻地掠过，一会儿在林间自如地穿行，一会儿在天空潇洒地飞舞，一会儿又隐隐地消失在青翠的山色中。他感到一种前所未有的自由，那么轻盈，那么美妙。他突然有一种明亮的顿悟：与自由相比，黄金不过是一堆粪土，官场不过是一具枷锁，唯有自由，才是那永恒的风景。

你们看，这时候的白鹭，已经不再是生物意义上的白鹭、自然世界中的白鹭，这是张志和的白鹭，这是诗人心灵的白鹭。白鹭，成了张志和人生理想的一个符号、一种象征。

起风了，那是吹面不寒的杨柳风；下雨了，那是沾衣欲湿的杏花雨。我早已跟白鹭融为一体，白鹭就是我，我就是白鹭。天地就是我的家，除此之外，我不可能再有别的什么家。我又一次出现在青翠的西塞山前，时而静处，金鸡独立的姿态显出我俊朗的神韵；时而相互追逐，我矫健的身形倒映在清澈的溪流中；时而高飞，在一碧如洗的晴空划出一条优美的弧线。我是自在的，我不再顾及高官厚禄，不再担心成败得失，不再沉溺人情冷暖，不再计较是非荣辱，因为，我已不再有我。恍兮惚兮，我就是这青青的西塞山，我就是这灼灼的桃花，我就是这淙淙的流水，我就是这肥肥的鳜鱼，我就是这微微的轻风，我就是这绵绵的细雨……我就是天地万物，天地万物就是我。

读张志和的《渔歌子》，关键就在于实现这种多层次、多维度的意象转化。读到这里，你也许已经发现，其实，你真正要转化的不是“西塞山前白鹭飞”这个意象，你真正要转化的是自己的精神世界。在这里，“西塞山前白鹭飞”不过是你精神世界的一面镜子，最终照见的是你自己的人生经历、阅读积淀、学识胸襟、审美情怀、生命境界。

没有这些属于你自己的内在的精神意象，你永远不可能转化出在你眼前的诗词意象。因为，人只能看见自己能看见的东西。

推敲语文就是推敲思想

一

学语文，无论是读书还是写文章，推敲都是一个非常重要的习惯。

我们的语文教科书上有一篇关于推敲的课文，题目就叫《推敲》：

> 唐朝有个诗人叫贾岛，早年因家境贫寒，出家当了和尚。
>
> 一天，贾岛去长安城郊外拜访一个叫李凝的朋友。他沿着山路找了好久，才摸到李凝的家。这时，夜深人静，月光皎洁，他的敲门声惊醒了树上沉睡的小鸟。不巧，这天李凝不在家，贾岛就把一首《题李凝幽居》的

诗留了下来。

第二天，贾岛独自骑着毛驴返回长安。半路上，他想起昨夜即兴写成的那首小诗，觉得“鸟宿池边树，僧推月下门”中的“推”字用得不够妥帖，或许改用“敲”字更恰当些。贾岛骑着毛驴，一边吟哦，一边做着敲门、推门的动作，不知不觉进了长安城。大街上的人看到他这个样子，都感到十分好笑。

这时，正在京城做官的韩愈，在仪仗队的簇拥下迎面而来。行人、车辆都纷纷避让，贾岛骑在毛驴上比比划划，竟然闯进了仪仗队中。

两个差人将贾岛带到韩愈面前。韩愈问：“你为何冲撞我的仪仗队？”

贾岛回答道：“我正在斟酌诗里的一个字眼儿，无意间冲撞了大驾，求您宽恕。”

接着，贾岛就把自己写诗的事告诉了韩愈，并说自己正在犹豫不决，不知道是用“推”好，还是用“敲”好。韩愈也是一位著名的诗人，便很有兴致地思索起来。过了一会儿，他对贾岛说：“还是用‘敲’字更好些。月夜访友，即使友人家门没有闩，也不能莽撞推门，敲门表明你是一个懂得礼貌的人。再说，用‘敲’字更能衬托出月夜的宁静，读起来也响亮些。”贾岛听了，连连点头。

后来，人们就把在写诗和作文时斟酌文字叫做“推敲”。

贾岛的这个推敲的故事，可以说家喻户晓、人尽皆知。那么，这个故事带给我们哪些启示呢？

第一，推敲是一种“想要更好”的超越。

贾岛的那首《题李凝幽居》其实已经写成了，换作一般人，根本不会重新拿起来再费思量，何苦呢？但贾岛不是，他偏偏喜欢这样的“苦”：觉得“鸟宿池边树，僧推月下门”中的“推”字用得不够妥帖，或许改用“敲”字更恰当些。贾岛对“推”字不满意，显然，他想更好地表达诗意。没有人要求他这样去做，这个念头完全来自贾岛的内心。我们可以说，推敲就是一种精益求精的态度，一种百尺竿头更进一步的追求。

第二，推敲是一种敢于否定自我的勇气。

诗是贾岛自己写的，那时，贾岛还不知道李凝对这首诗的感受和看法。但是，贾岛能迅速抽身而出，由作者转身为读者，带着一种批判性思维重新审视自己的作品，觉得“推”字不妥。那一刻，贾岛显然没有顾忌自己的头衔、名誉、声望，这是一种勇气，一种直面自我、否定自我的勇气。换了别人，我是偶像、我是大咖、我是名家，那我的作品就是标杆、就是尺度、就是教科书，还用得着这样折腾自己、折磨自己、撕裂自己吗？

第三，推敲是一种心无旁骛的专注。

从推敲的那一刻起，贾岛完全沉浸在推敲的世界中，忘了时间、忘了自己。骑着毛驴走进长安城，是不知不觉的，因为他的心完全沉浸在推敲的世界中。大街上的人看到他的样子都觉得好笑，贾岛则根本没有看见这些好笑的人，因为他的心完全沉浸在推敲的世界中。韩愈的仪仗队过来了，要声势有声势，要威严有威严，贾岛应该如梦初醒、大惊失色，迅速、立刻、马上避让才是，但是，他不但不像行人、车辆那样纷纷避让，竟然迎面闯进仪仗队，因为他的心完全沉浸在推敲的世界中。

作家茨威格从雕塑大师罗丹的工作室回来后，曾经发出这样的感慨："从那时起，我知道人类的一切工作，如果值得去做，而且要做得好，就应该全神贯注。"只有对推敲本身保持一种心无旁骛、聚精会神的专注，推敲才能迈向一种永无止境的超越。

第四，推敲是一种学而不厌的谦逊。

贾岛主动把自己写诗的事情告诉韩愈，说自己正在犹豫不决，不知道是用"推"好，还是用"敲"好。显然，贾岛并没有一味地钻牛角尖，既不是高傲地拒人于千里之外，也不是媚俗地装出一副虚怀若谷的模样，而是在自己感觉确实无力做出选择的时候，真诚地向韩愈请教。这种求知若渴、敏而好学的态度，远比推敲本身更有意义。

第五，推敲是一种不断积淀的底蕴。

从表面上看，推敲只是在甄别和选择不同的字眼，似乎是一个方法和技巧的问题。其实不然，甄别和选择的背后，支撑它们的不是方法和技巧，而是学养和底蕴。我们看，诗是贾岛写的，体验和经历都是贾岛自己的，但是对于"推敲"，贾岛却推来敲去、犹豫不决。因为，贾岛对"推敲"的推敲，只是停留在动作的层面。我们再看韩愈，无论是推敲与教养之间关系的考量，还是推敲在内容和形式上对诗境表现效果的解析，都是与一个人的学养和底蕴密切相关的。我们甚至可以这样说，推敲是一个人学养和底蕴的直接外化。

第六，推敲更是一种唯真理是从的独立精神。

贾岛后来听了韩愈的建议之后连连点头，并最终采纳了韩愈的建议。于是，就有了我们现在读到的这首《题李凝幽居》——

闲居少邻并，
草径入荒园。
鸟宿池边树，
僧敲月下门。
过桥分野色，
移石动云根。
暂去还来此，
幽期不负言。

《山水六册页·僧敲月下门》 明·盛茂烨

贾岛之所以接受韩愈的建议，跟韩愈是一个大官没有关系，跟韩愈是一位大诗人也没有直接关系。唯一有关系的，就是韩愈说得在理。在韩愈看来，用“敲”字至少有三个理由：第一，敲门显出作者的教养，礼不仅是一种外在的行为，更是一种内在的敬意，敲门敲出的是对友人的敬意；第二，敲门声恰恰反衬了幽居的宁静，与全诗的意境相吻合；第三，“敲”字的发音显得响亮绵长；“推”字的发音就显得轻短低沉。而选择“敲”，也是出于发声响亮能反衬月夜宁静的考虑，并不是说读起来响亮的都是好字、低沉的都是坏字。显然，韩愈的理，贾岛是接受的，从“连连点头”来看，这份接受是心悦诚服的。唯真理是从，是推敲的灵魂所在。

二

那么，“推敲”的结果是不是就是终极答案、最高标准了呢？有没有人对“推敲”有过新的推敲呢？

朱光潜先生在《咬文嚼字》一文中，就对贾岛和韩愈的“推敲”提出了不同的看法，应该说，这是一种对“推敲”的推敲。朱光潜先生这样写道：

> 韩愈在月夜里听见贾岛吟诗，有“鸟宿池边树，僧推月下门”两句，劝他把“推”字改成“敲”字。这段文字因缘古今传为美谈，于今人要把咬文嚼字的意思说得好听一点，都说“推敲”。古今人也都赞赏“敲”字比“推”字下得好。

> 其实这不仅是文字上的分别，同时也是意境上的分别。
>
> “推”固然显得鲁莽一点，但是它表示孤僧步月归寺，门原来是他自己掩的，于今他“推”。他须自掩自推，足见寺里只有他孤零零的一个和尚。在这冷寂的场合，他有兴致出来步月，兴尽而返，独往独来，自在无碍，他也自有一副胸襟气度。“敲”就显得他拘礼些，也就显得寺里有人应门。他仿佛是乘月夜访友，他自己不甘寂寞，那寺里假如不是热闹场合，至少也有一些温暖的人情。比较起来，“敲”的空气没有“推”的那么冷寂。
>
> 就上句“鸟宿池边树”看来，“推”似乎比“敲”要调和些。“推”可以无声，“敲”就不免剥啄有声，惊起了宿鸟，打破了岑寂，也似乎平添了搅扰。所以我很怀疑韩愈的修改是否真如古今所称赏的那么妥当。

朱光潜先生的观点很鲜明：“推”比“敲”更好些。他的理由主要是两条：第一条，“推”字反而能显出僧人“独往独来，自在无碍”的胸襟气度。因为，“推”字表明，寺里只有他孤零零的一个和尚，门原是他自己掩的，他出门赏月，兴尽而返，推门而入，这是再自然不过的事了。如果用上“敲”，一则显得他拘礼了，二则显得庙里还有人应门，反而给人以一种不甘寂寞的味道，自然显不出“自在无碍”的境界。第二条，“推”字跟整首诗的意境更为调和。“推”可以无声，和“鸟宿池边树”的冷寂氛围相吻合，如果用上“敲”，反而会剥啄有声，惊起宿鸟，打破月夜幽居的岑寂。

文字的推敲，实则是思想情感的推敲。所以，朱光潜先生认为，问题不在“推”字和“敲”字哪一个比较恰当，而在哪一种境界是他当时所要说的，而且是与全诗调和的。因为，改变了文字，就是改变了思想感情，内容和形式是相随而变的。

正如我们上面所讲，推敲更是一种唯真理是从的独立精神。朱光潜先生对“推敲”的推敲，可谓独具只眼、识见卓荦，既能见人所未见，更能发人所未发。这是需要勇气的，因为，韩愈关于推敲的观点，千百年来早已成为定论，获得了一代又一代诗家的赞同和认可。

不迷信权威，不盲从主流，不惧怕被人质疑，这种精神，才是“推敲”最为本质的东西。更重要的是，朱光潜先生的观点有着深刻的哲学背景，而且思考缜密、分析入理，绝不是那种哗众取宠、夸大其词的卖弄和炫耀。

三

那么，朱光潜先生关于“推敲”的推敲还有没有可以进一步推敲的地方呢？

当然有。

有人认为，韩愈和朱光潜先生对诗歌颔联“鸟宿池边树，僧敲月下门”理解不一致，焦点主要在于诗中的“门”是僧人寺庙的门还是友人李凝幽居的门。

为什么这样说呢？

韩愈之所以认为“作‘敲’字佳”，应该基于对“僧敲月下门”的理解。韩愈认为，句中的僧人敲的应该是月下李凝幽居的门。因为月夜访友，即使友人家门没有闩，也不能莽撞推门，敲门表示你是一个懂得礼貌、有文化修养的人；一阵轻微的敲门声，就惊动了宿鸟，更能衬托出月夜的宁静，读起来也响亮些。倘用“推”字，当然没有这样的艺术效果了。

朱光潜先生认为，“推”固然显得鲁莽一点，但是它表示孤僧步月归寺，门原来是他自己掩的，于今他推。他须自掩自推，足见寺里只有他孤零零的一个和尚。在这冷寂的场合，他有兴致出来步月，兴尽而返，独往独来，自在无碍。根据这样的理解，诗中僧人面对的就是他自己出门时掩上的寺庙的门，兴尽归来，“敲”当然就显得他拘礼些了，“推”则比“敲”要调和多了。

简单地说，如果“门”是僧人之门，那么，朱光潜先生的观点更合理；如果“门”是李凝之门，那么，韩愈的观点更合理。

那么，这“僧敲”或者“僧推”“月下门”的“门”，到底是谁家的门呢？

显然，要解决这个问题，光盯着“鸟宿池边树，僧敲月下门”是无论如何也说不出个子丑寅卯来的。唯一的办法，就是联系整首诗的语境，从整体的角度来做出分析和判断。

我们先从诗的题目开始。这首诗叫作《题李凝幽居》，那么，从题目上看，应该是贾岛前去拜访李凝，因为没有遇到主人所以才留下这首诗的。

这让我们很自然地联想到贾岛写过的另一首诗《寻隐者不遇》：

松下问童子，
言师采药去。
只在此山中，
云深不知处。

《高士访隐图》（局部） 明·王世昌

这就说明，第一，贾岛很喜欢跟幽居的隐士打交道，无论是有名有姓的李凝，还是无名无姓的药师，他们都是隐士；第二，贾岛去拜访隐士而未能遇见，也是常有的事，你看，拜访李凝，没有见到，结果就留下一首《题李凝幽居》；拜访药师，没有见到，结果就留下一首《寻隐者不遇》。

搞清楚诗的题目，我们就清楚这首诗牵涉两个人，一个是贾岛，另一个当是李凝，地点自然是在李凝的幽居。可是，诗中只出现了一人——“僧”。那么，问题就来了，这个僧人到底是贾岛还是李凝呢？

如果是李凝，贾岛怎么知道李凝在月下敲自己家的门？又怎么会在李凝的幽居前题诗呢？如果不是李凝，那只能是贾岛。问题又来了，贾岛是僧人吗？贾岛做过和尚吗？

一查史料，我们就知道是怎么回事了。

贾岛（779—843），字阆仙，范阳（今河北涿州）人。早年出家为僧，法名无本，后还俗。曾任长江主簿。善诗，以苦吟锤炼词句。诗风枯寂幽僻，有“郊寒岛瘦”之称。代表作《长江集》。

传说，贾岛还俗跟韩愈有关。韩愈帮贾岛选定“敲”字，见贾岛是个人才，就劝他还俗入仕。

这样一来，问题差不多已经有了七八分眉目了。第一，这首诗是写贾岛去拜访李凝的，那么，这月下之门自然就是李凝家的门；第二，诗中唯一出现的人物僧人，应该就是贾岛本人无疑。

按照这个理解，全诗的意境说得通吗？

我们来看首联：

闲居少邻并，草径入荒园。

很显然，这是在照应题目。无论是少邻闲居，还是荒草埋径，都是在渲染刻画环境的幽静清寂。而这样清幽的去处，自然是贾岛喜欢的，这才有了他造访李凝的理由。

再看颔联：

鸟宿池边树，僧敲月下门。

这是写贾岛夜间访友，意在敲开朋友大门，共叙友情。那么，贾岛为什么要在“推敲”上犯嘀咕呢？一来，这两个动作他应该都曾经做过，实在拿不准选哪个好！二来，李凝幽居，如闲云野鹤，平时大多随手掩门而出、周游四方。但贾岛月夜来访，自然不可能知道李凝早已外出。因此，先敲敲门，才更加合情合理。这笃笃的敲门声，打破了月夜的宁静，惊起了池边树上的宿鸟，这才让人知道原来还有“鸟宿池边树”呢。否则，夜深鸟静，如何得知？

我们继续看颈联：

过桥分野色，移石动云根。

这是写回归路上所见。过桥是色彩斑斓的原野；晚风轻拂，云脚飘移，仿佛山石在移动。这一切，又都笼罩在如水的月色中，更显出环境的恬静和清幽。

最后看尾联：

暂去还来此，幽期不负言。

这才是贾岛要写给李凝的留言：我暂时先回去了，但是，我还会再来的。因为，我们有过一起归隐的约定，我是不会负言的。

这四联的内容可以概括为：描写环境—造访幽居—回望野色—抒写心愿。如果我们确定僧人就是贾岛本人，造访对象就是李凝，那么全诗的线索就非常顺畅：先去造访，但是没有遇见，结果只好回来。

如果按照朱光潜先生所言，“孤僧步月归寺，门原来是他自己掩的，于今他‘推’”。既然这是自己的寺庙，这个僧人独来独往，这个门自掩自推，那么尾联“暂去还来此，幽期不负言”又是说的谁呢？僧人不可能自言自语：“我去了还会来的，我是不会负言的。”

问题已经很清楚了，联系整首诗的语境，我们可以确定，这“门”就是李凝的幽居之门，这“僧”就是造访李凝幽居的作者本人——贾岛。

因此，韩愈的观点显然更有道理。

为了进一步消除误读，我们还可以再来讨论一点：全诗的意境到底是朱光潜先生所言的清冷岑寂呢，还是冷寂中透着些许温情呢？

我们说，君子之交其淡如水，而非冷漠如霜。我们读白居易的《问刘十九》：

绿蚁新醅酒，
红泥小火炉。
晚来天欲雪，
能饮一杯无？

《雪堂客话图》 宋·夏圭

可以想象，刘十九在接到好友白居易的诗之后，一定会立刻命驾前往。于是，两位朋友围炉喝酒，畅叙幽情，一扫冬夜的寒冷与清寂。

我们读赵师秀的《约客》：

黄梅时节家家雨，青草池塘处处蛙。
有约不来过夜半，闲敲棋子落灯花。

说好了过来下棋的，朋友却没有来。有点失落，有点寂寞。但夜色依然恬静，灯光依然温馨。

其实，这两首诗所写，都是朋友未曾相遇，一个有约在先，一个相邀在后。但是，没有关系，君子之交，重在性情。如果只是一味冷寂，那样的幽居还有谁肯造访呢？

回到贾岛的这首诗。如果用“推”，无声无息，虽然不再剥啄有声，但也只是调和了冷寂的意境，毫无温情可言。而一个音节响亮的“敲”字，敲破的是死一样的岑寂，惊起的是活泼泼的宿鸟，这给清幽的意境平添了些许生气和温情，而不是“平添搅扰”。

而“蝉噪林逾静，鸟鸣山更幽”的反衬与烘托，让我们更加真切地感受到，“敲”之使用，不但无损于清幽之境，反而会让清幽之境更显清幽。

由此可见，评价诗歌的字句，尤其是品味细微精妙之处，要从诗歌整体入手，把握其背景、情感和意境；评论诗歌更要顾及全诗，顾及作者本人，以及作者所处的社会状况，所谓“知人论世，以意逆志”是也。万不可从全诗中摘一二佳句随意引申，误入歧途。

我们读名家大师的作品，究竟是“站着读”还是“跪着读”，也是一个不容回避的问题。就推敲的精神实质而言，我们当然应该站着读，敢于质疑，敢于批评，敢于超越。

四

看来，韩愈的观点更合理，已经是板上钉钉了。真的如此吗？

有人偏偏对此不以为然。

关于“推敲”的这个故事，《诗话总龟》《隋唐嘉话》《唐才子传》等书都有记载，文字也大同小异。我们来看看《诗话总龟》的记载：

> 贾岛初赴举，在京师。一日于驴上得句云：“鸟宿池中树，僧敲月下门。”又欲“推”字，炼之未定。于驴上吟哦，引手作推敲之势。观者讶之。
>
> 时韩退之权京兆尹，车骑方出。岛不觉行至第三节，尚为手势未已。俄为左右拥至尹前，岛具对所得诗句推字与敲字未定，神游象外，不知回避。
>
> 退之立马久之，谓岛曰：“敲字佳。”遂并辔而归，共论诗道，留连累日，因与岛为布衣之交。

要分析这首诗里，究竟是“推”好还是“敲”好，我们必须从诗的整体意境出发来考虑问题。所有的炼字炼句，都必须为整体意境服务，所以，从根本上讲，炼字就是炼意，炼字就是炼境。

这是我们判断“推”好还是“敲”好的出发点，也是我们选择“推”还是“敲”的唯一标准、最高尺度。

那么，贾岛这首诗，创造了一个怎样的意境呢？

这得先追溯一下贾岛之“意”，何以有如是之“境”。我们知道，贾岛年轻时出家做过和尚，在这次“推敲”中，与韩愈结为“布衣之交”。接着，韩愈让他还俗做官。但在此之前，我们一定不能忘了贾岛的身份，他是个出家人。因此，明心见性，解脱了悟，应该是他苦苦追求的人生目标。

这有贾岛的诗歌为证。在悼念他师父的《哭柏岩和尚》里，贾岛惭愧地写道：

《岛佛驴背敲诗图》　清·任伯年

自嫌双泪下，不是解空人。

在《送无可上人》里，他这样写道：

独行潭底影，数息树边身。
终有烟霞约，天台作近邻。

这些诗作都在一定程度上表明了贾岛的人生志趣和精神追求。“不是解空人”，所以“天台作近邻”，最终要让自己“成为解空人”。这样的精神追求，注定在他的诗里要创造一种“独往独来，自在无碍”的空寂境界。

我们读贾岛的《题李凝幽居》，感受到的正是这种充满禅意的空寂之境。

之所以会有那么多人认为“敲”比“推”好，其思考支点无非就是认定此门为李凝的幽居之门，此僧乃是作者本人——贾岛。但正是这个思考支点，还有待商榷。

第一，佛教发展到中唐，尤其是将儒释道三家精髓融为一体的禅宗出现之后，学佛谈禅成了许多文人士大夫的时尚。儒生们可以一边追求仕途发达，一边追求禅机了悟。在精神追求上，这位幽居的李凝与贾岛显然是志同道合的。“幽居”是本诗意境的载体，把李凝称为“僧”，站在贾岛的角度，实在是一种对“知音”的奖掖。所以，诗中的“僧”完全可以不是贾岛。

第二，如果“僧”是贾岛，那么对于自己的亲历之事应该不至于无从下笔。这就从反面证明，贾岛不是在写自己。记录这个故事的几种书，都说贾岛是驴上得句，表明他是在晃悠悠的驴背上，诗兴大发，要创造一个艺术的世界。我们看诗的前四句，通过对李凝居所荒僻幽寂的描述，来创造一种空寂的意境。试想一下，一个独往独来的僧人，置身于月色下面的草径、荒园、宿鸟、池树之中，不是正好创造出一种空寂清幽的诗境吗？如此自然，如此和谐。在这样一个寂寥空灵的意境中，这个僧人不正是其中的灵魂吗？

第三，认为“僧”是贾岛的另一个理由，来自诗的后半部分。因为诗的后面四句，都指向人的行为，特别是最后两句“暂去还来此，幽期不负言”，特别像是作者自己给造访对象李凝的一种告白，所以才认定“僧”是贾岛本人。

但是，如果我们从诗的整体结构看，完全可以得出不同的结论。律诗从来没有限定从头到尾只能描述一个人的行为。我们看杜甫的《月夜》：

今夜鄜州月，
闺中只独看。
遥怜小儿女，
未解忆长安。
香雾云鬟湿，
清辉玉臂寒。
何时倚虚幌，
双照泪痕干。

《月色秋声图》　南宋 · 马和之

这首诗里的人物，第一联写妻子，第二联写儿女，第三联又写妻子，第四联写自己与妻子，并没有统一在一个人物身上。

如果这还不足以说明问题，我们将《题李凝幽居》与戎昱的《题严氏竹亭》对比一下，或许会有更大的启发。《题严氏竹亭》是这样写的：

子陵栖遁处，堪系野人心。
溪水浸山影，岚烟向竹阴。

忘机看白日，留客醉瑶琴。
爱此多诗兴，归来步步吟。

这首诗与贾岛的《题李凝幽居》有太多的相似之处：比如，戎昱与贾岛都属于中唐诗人；比如，两人同样名气不大而诗作却不少；比如，他们的诗集都是以五律居多；比如，两位都是先当和尚后又还俗做官；比如，两首诗的诗题都是题某人的居所……

从《题严氏竹亭》中，我们可以明显地看到，前半部分通过写景来创造一种意境，后半部分出现人物的行动和感想。大概，这是"题某某地方"这类诗题的常用格式吧。

很显然，《题李凝幽居》也属于这类诗。因此，从结构上看，"僧"作为用于烘托意境的人物，不必一以贯之，不必非是最后行为的主动者。

综合以上三点，我们就可以断定，诗中的"僧"至少不是作者自己，因而不"敲"并不违反细节的真实。也就是说，用"推"也可以是符合细节真实的。

在此基础上，我们就可以来讨论"推"还是"敲"更符合意境了。

先来说说"敲"。一敲，自然会发出剥啄的响声；一敲，自然会惊起夜宿池树的鸟儿，进而发出扑棱的响声；一敲，自然还会有人前来应门，发出一连串的踢踏之声，还可能发出开门时的嘎吱之声。够了，一尘不染的氛围就这样被敲碎了，清幽静谧的环境就这样被敲碎了，空寂无边的意境就这样被敲碎了。请问，想做"解空人"的贾岛会忍心吗？"心远地自偏"的李凝会愿意吗？请问，假如当时您就在现场，您就置身在这样一种万籁俱寂、空灵清静的境界之中，还愿意去"敲"吗？

再来说说“推”。一扇虚掩的门，无声地推开它，动作是多么轻柔，意境是多么宁静。作为贾岛心目中的幽居者，作为竭力创造那种意境的贾岛，谁也不忍心敲碎一尘不染的氛围，谁也不希望破坏空寂无边的境界。只有“推”，才能创造出这样一种空寂的意境。

说到这里，我们才有资格重新理解朱光潜先生的观点：

> “推”固然显得鲁莽一点，但是它表示孤僧步月归寺，门原来是他自己掩的，于今他“推”。他须自掩自推，足见寺里只有他孤零零的一个和尚。在这冷寂的场合，他有兴致出来步月，兴尽而返，独往独来，自在无碍，他也自有一副胸襟气度。“敲”就显得他拘礼些，也就显得寺里有人应门。他仿佛是乘月夜访友，他自己不甘寂寞，那寺里假如不是热闹场合，至少也有一些温暖的人情。比较起来，“敲”的空气没有“推”的那么冷寂。

朱光潜先生对“敲”的质疑，显然是从诗歌整体意境的角度出发的。他对“推”的肯定，令人信服。

实际上，韩愈一生以辟佛为己任。晚年上《谏迎佛骨表》，反对唐宪宗将佛骨舍利请进宫里供养，背后的主张就是皇帝不应信仰佛教。结果，韩愈被贬为潮州刺史，弄得“一封朝奏九重天，夕贬潮阳路八千”。他就算了解贾岛，也断不会站在佛家的角度帮他思考问题。他与“空寂”无缘，他对“静定”无感。他选择“敲”，只能是他自身立场和精神所致。因为，他不是贾岛，不是禅者。

综上所述，既然“僧”的行为要服从于意境的要求，从美学的角度看，“推”才不至于破坏意境的和谐统一；从修辞的角度看，“推”才符合根据言语环境选取语言材料的原则。

因此，依然有人据理力争，还是“推”比“敲”更好些！

在我看来，结果固然重要，但是，更重要的显然是推敲的过程，是推敲“推敲”的过程，是对推敲“推敲”再推敲的过程。这样一个过程，也许没有止境。但正是这样一个没有止境的推敲过程，让我们发现了超越之美、专注之美、思考之美、独立之美、自由之美。而这，才是语文的内在之美。

让我们继续推敲吧！

未经思辨的语文毫无价值

一

在中国古典诗词中，有一类是以儿童为题材的诗词，我们习惯上把这类诗叫作“童趣诗”。但是，我们知道，童趣诗在中国古典诗词中的数量非常少。这是因为，一方面，历朝历代没有诗人专写这一类童趣诗，因为这类诗通常登不了大雅之堂；另一方面，也没有人专门研究这一类童趣诗的创作理论，童趣诗在古典诗词的长河中影响力很小，几乎可以忽略不计。

正因为这个缘故，我们现在读童趣诗，也往往不太当回事儿。我们的潜意识当中，以为童趣诗就是写写童心童趣、打打闹闹、说说笑笑，能有什么高深的东西需要琢磨呢？

童趣诗，当然是写童心童趣的，这话确实没错。比如，有这样四首大家耳熟能详的童趣诗，季节不同，地点不同，所写的事情和景物也不同，但是所写的童心童趣是相同的。

第一首是清代高鼎写的《村居》：

《百子团圆图册》（局部） 清·焦秉贞

草长莺飞二月天，
拂堤杨柳醉春烟。
儿童散学归来早，
忙趁东风放纸鸢。

这首诗要论季节，明摆着是在春季。你看，“草长莺飞二月天”，直接就把季节给点出来了。当然，体现“二月天”特征的景物诗中也写了不少，比如“草长莺飞”“拂堤杨柳”“东风纸鸢”。而这首诗的童趣全部集中在“放纸鸢”这个动态意象上，放风筝，想想都会手痒啊，何况是“忙趁东风放纸鸢”，这个“忙”，不是慌忙，不是瞎忙，不是急急忙忙；这个“忙”，是迫不及待，是争先恐后，是手舞足蹈，是兴高采烈，这个“忙”字把童趣整个儿给显现出来。

第二首也是清代的，袁枚写的《所见》：

牧童骑黄牛，
歌声振林樾。
意欲捕鸣蝉，
忽然闭口立。

《牧牛图卷》 宋·毛益

这首诗要论季节，应该是在夏季，因为有“鸣蝉”这个意象在。这里的童趣，首先是一种扑面而来的野趣。你听，牧童唱歌，声振林樾，嗓门大得不得了，吓死人呐。其实，歌声唱出的是一种率真的野性，爱唱什么就唱什么，爱怎么唱就怎么唱，爱唱多响就唱多响。同时呢，这童趣也是一种满满的稚气。你看，牧童忽然闭口立，这是要干吗？捕蝉。早知自己要捕蝉，你倒是轻一点啊，嗓门这么大，歌声振林樾，这不得把知了吓跑了吗？意识到这一点，牧童忽然闭口。就像一个音乐中的休止符，所有跌宕起伏的旋律，到了这里戛然而止。那画面、那形象，简直呼之欲出。

第三首是宋代叶绍翁写的《夜书所见》：

萧萧梧叶送寒声，江上秋风动客情。
知有儿童挑促织，夜深篱落一灯明。

这首诗要论季节，自然是秋季。“萧萧梧叶”“江上秋风”，都是具有明显的秋季特征的景象。中国文学语境中，向来就有悲秋的传统。所以，秋叶一落，秋风一吹，身在异乡的游子，就不免动起思乡怀人的心绪来。这个时候，谁来抚慰这份乡愁呢？放眼望去，夜色中，篱笆间，一灯独明，诗人猜想那可能是儿童在玩蟋蟀吧。这猜想，可能会让诗人联想到自己的孩子，夜深灯明挑促织；这猜想，也可能让诗人联想到自己小时候，夜深灯明挑促织。因此儿童的出现，童趣的加入，悲秋的寒意中就有了一些温暖、一些明亮。

第四首也是宋代的，杨万里写的《稚子弄冰》：

稚子金盆脱晓冰，彩丝穿取当银钲。
敲成玉磬穿林响，忽作玻璃碎地声。

这首诗写的当然就是冬季。诗中孩子弄冰的场景，实在是太有意思了：心态上，寒天“弄冰”，可谓童心炽热；色泽上，“金”盘“彩”丝串“银”冰；形态上，用“金盘”脱出的“银钲”，是圆的；声音上，先有“玉磬穿林响”的高亢，忽然又传来“玻璃碎地声”的清脆。一派天真烂漫、心花怒放的气息。

我们读这四首童趣诗，感觉是差不多的，儿童在，快乐就在；儿童在，天真就在；儿童在，可爱就在；儿童在，自由就在。也难怪冰心老人写过一篇文章，题目就叫——“只拣儿童多处行”。理由很简单，跟儿童在一起，你就会忘记俗世的烦恼、忧伤和痛苦，你就会变得跟儿童一样快乐、率真和幸福。

那么，童趣诗真的都是这样吗?

二

我们再来读一首童趣诗，宋代著名诗人范成大写的《四时田园杂兴之一》:

昼出耘田夜绩麻，村庄儿女各当家。
童孙未解供耕织，也傍桑阴学种瓜。

前面我们已经说过，对童趣诗我们很容易形成一种刻板印象：写的是童心童趣，情感是快乐天真，基调是可爱烂漫。既然这也是一首童趣诗，当然也跳不出这样的印象。

我们的一些教学参考书就是这样解说的:

> 诗人描写了乡村农人耕织以及儿童学着大人的样子耕种田地的情景。展现了农家夏忙时节热烈的劳动场面，塑造了农村儿童天真、勤劳、可爱的形象。
>
> 尤其是后两句，写得妙趣横生、意味深远：那些孩子们，他们不会耕地也不会织布，但却在茂盛成荫的桑树下学种瓜。这些孩子从小耳濡目染，喜爱劳动。这是农村中常见的现象，十分有趣，也颇有特色，表现了农村儿童的天真情趣，流露出诗人对热爱劳动的农村儿童的赞扬。

这段话讲了两点意思：第一，诗的对象是“童孙”，主要展现的是儿童的生活情景，重点塑造的是儿童的形象，天真、勤劳、可爱；第二，诗的情感是“快乐”，表现的是儿童的“天真情趣”，基调是乐观向上的。

有不少语文老师，就是按照这个说法来讲这首诗的。有的老师还做了很有创意的设计：

比如，先请学生拍照。老师说，诗人范成大邀请我们去乡下做客，想去吗？学生异口同声地说，想！老师继续说，那就去呗！到了那里，你觉得挺有趣、挺好玩，就开始拍照。那么，你拍了什么景象呢？跟大家一起分享分享。

有的说，我拍的是一大片田地，有个叔叔带着草帽，手里拿着锄头在给禾苗锄草，汗水从他脸上流下来，但是他干得很开心。

有的说，我拍的是晚上，一辆纺车前坐着一位阿姨，在昏黄的油灯下，阿姨一边摇着纺车一边用手搓着麻线，嘴里还轻轻哼着歌呢。

有的说，我拍的是一个小孩，他正在桑树底下跟爸爸学种瓜，只见他一会儿用锄头在地上挖出一个一个坑，一会儿又把瓜苗小心翼翼地插入坑里。看着一排排瓜苗整齐地插在地里，他开心地笑了。

拍照还不够，还要请学生去采访。老师说，你们在乡下看了那么多，听了那么多，又拍了那么多，我想，你们一定有话想问问他们吧？那么，我们就以同桌为一组，一位演记者，一位演乡下人。想问谁就问谁，想问什么就问什么。

不出所料，采访最多的就是“也傍桑阴学种瓜”的童孙——

一个问：你为什么要学种瓜呀？一个答：好玩啊！爸爸不让我耘田，妈妈不让我绩麻，但是我觉得种瓜也挺好的。

一个问：种瓜辛苦吗？一个答：辛苦啊！我要学着锄草、松土、挖坑，还要把瓜苗一棵一棵插进去，还要浇水，还要施肥，当然辛苦。但是我乐意，能帮爸爸妈妈做点事，我很自豪。

一个问：在你们乡下还有别的什么好玩的吗？一个答：有啊，有很多啊，比如放风筝、捉蝴蝶、斗蛐蛐、养蚕宝宝什么的，我都玩过，挺好玩的。

应该说，这样的设计很有创意，这样的课堂也很受学生欢迎。而老师之所以这样设计，意图也是很明显的：要让学生感受到农村儿童的快乐，要让学生体会到田园生活的美好，要让学生明白诗人对田园生活的赞美和向往。

但是，如果您这样理解这首诗，这样带着孩子们学这首诗，我敢断言，昼出耘田的父亲们不会答应，夜间绩麻的母亲们不会答应，也傍桑阴学种瓜的乡下孩子不会答应，当然，写这首诗的作者范成大更不会答应。

为什么？

我们不妨再来读一读这首诗：

昼出耘田夜绩麻，村庄儿女各当家。
童孙未解供耕织，也傍桑阴学种瓜。

我读前两句的时候就在想，如果这首诗主要表现童心童趣，那么前两句大可不必这样写啊，比如，这样写是不是会更好一些呢：

绿遍山原白满川，子规声里雨如麻。
童孙未解供耕织，也傍桑阴学种瓜。

前两句写景，颇有田园情趣；后两句叙事，极富乡村童趣。全诗的基调和意境不是更统一、更集中吗？

但是，范成大并没有这样写啊！他写的是：

昼出耘田夜绩麻，村庄儿女各当家。

这完全是在写大人们的劳动情景：夏忙时节，白天，村里的男人们都在田里除草，妇女们忙完白天的家务活，还要在晚上一根一根搓麻线。白天耘田，晚上绩麻；男人耘田，妇女绩麻。张家男人这么做，李家妇女这么做。今天这么做，明天这么做。可以这样说，夜以继日，不辞辛劳。

熟悉乡村生活的人知道，这种紧张辛苦的劳动场景，在农村其实是非常常见的。唐代诗人白居易写过一首《观刈麦》的诗，其中就有这样的描写：

田家少闲月，
五月人倍忙。

《耕织图册·插秧图》　清·焦秉贞

宋代诗人翁卷也写过一首类似的诗，叫《乡村四月》。其中就有这样的具体描写：

乡村四月闲人少，
才了蚕桑又插田。

我想，村庄儿女夜以继日，不辞辛劳，我们是完全可以想见的。这也说明，诗人范成大对农村生活是非常熟悉的，对农民的生存状态是体贴入微的。从这两句诗中，我们既看不出农家的闲适和自在，也看不出村民的轻松和愉快。相反，有的只是耕织的辛劳、当家的艰难、身心的疲惫和生活的不易。

这就为全诗奠定了情感基调。这个基调的把握非常重要。

诗的后两句，诗人把笔触深入一步，把镜头聚焦到了儿童身上。童孙在干嘛呢？“也傍桑阴学种瓜”。请注意这个“也”字，乡下孩子也要像大人们一样学做农活，也要像大人们一样学会劳动。我们可以还原一下，本来，乡下孩子应该做什么呢？比如，忙趁东风放纸鸢；比如，儿童急走追黄蝶；比如，知有儿童挑促织；比如，闭口意欲捕鸣蝉……那才是他们该有的生活，玩耍，嬉戏。

那么现在呢，也傍桑阴学种瓜。“也”不再是好玩有趣，“也”成了迫于生计的无奈、不得已。这跟萧红在《祖父的园子》写到的场景有着本质区别，萧红写自己小时候跟爷爷学干农活有这样一番描写：

> 祖父整天都在园子里，我也跟着他在里面转。祖父戴一顶大草帽，我戴一顶小草帽；祖父栽花，我就栽花；祖父拔草，我就拔草。祖父种小白菜的时候，我就在后边，用脚把那下了种的土窝一个个地溜平。

这才是真正的好玩！没有任何压力，也没有任何约束。

但是，也傍桑阴学种瓜，不是玩耍，不是嬉闹，而是实实在在的劳作！相比“耕织”，“种瓜”虽然不是非常繁重的体力活，但是，它也不是随随便便就可以干成的活儿。你看，整地，松土，挖穴，点种，浇水，施肥，除草，看瓜。一步有一步的做法，一步有一步的规矩。对孩子来说，一点也不轻松！

因为他们不会，他们要一点一点地去学，他们要尽量保证种下去的瓜苗成活，他们盼望种下去的瓜苗日后能有收成。

忙趁东风放纸鸢，这是没有任何压力的；儿童急走追黄蝶，这是没有任何责任的；知有儿童挑促织，这是没有任何负担的；闭口意欲捕鸣蝉，这是不需要任何功利的担当和追求的。

迫于生计的“也傍桑阴学种瓜”，不是童孙们自主选择的行为，是在大人的教导甚至呵斥下的被动应付，因为“种瓜”毕竟不是玩耍，不仅要参与劳动的整个过程，掌握劳动的技术，还要担负劳动的责任，劳动质量的高低也会影响一年的收成！这与唐代诗人白居易所写的“妇姑荷箪食，童稚携壶浆”（《观刈麦》），宋代诗人杨万里所写的“田夫抛秧田妇接，小儿拔秧大儿插”（《插秧歌》），有着相同的经历和体验。

那么，诗人范成大为什么要这样写呢？

其实，这是诗歌中常用的写作手法——烘托。“山之精神写不出，以烟霞写之；春之精神写不出，以草树写之”（刘熙载《艺概》）。

想想看，连不愿劳作、不会劳动的小孩子尚且如此，那么，那些正在担当劳动重担的成年人又会是怎样忙碌、怎样辛苦呢？

三

钱理群先生曾批评过一种分析作品的线性思维模式：“时代是苦闷的→作家必定时时、处处陷入单一的绝对苦闷中→他写出的每一作品必定是充满了单一的绝对的苦闷感。”一句话，时代苦闷必定导致作家苦闷，作家苦闷必定导致作品苦闷。这是一种典型的刻板思维、机械思维。

其实，任何作品的解读，必须根据具体内容做具体分析。而不是观点先行，用某种单一的观点给丰富的、复杂的作品贴上单一的标签。

因为，我们能够读到的作品，不是这一类，不是这一群，不是这一组，而只能是这一个。只有从这一个具体作品的具体内容出发，做出切合这个具体作品的具体分析，解读才有意义和价值。

范成大晚年所写的《四时田园杂兴》共有六十首诗，也许与他起的总名称有关，长期以来我们都已习惯将其笼统地称为“田园诗”。而一提到“田园诗”，我们又往往把它与自然、清新、悠闲、安逸等生活景象以及对劳动人民的赞美之情等同起来。

其实，这是对田园诗的一种误解。

钱锺书先生在《宋诗选注》中认为，我国的田园诗有三条发展线索：一是以《诗经·豳风·七月》为代表，作为中国最古老的“四时田园”诗，叙述农民一年到头的辛勤生产和艰苦生活；二是以陶渊明的《归园田居》为代表，久在樊笼里，复得返自然，表现隐士回归自然的安定闲适、乐天知命；三是以元稹的《田家词》为代表，重在批判“地保公差这一类统治阶级的走狗以及他们所代表的剥削和压迫农民的制度”。

到了范成大的《四时田园杂兴》，田园诗的这三条线索汇聚到了一起。也就是说，范成大的《四时田园杂兴》中有三类内容：

第一类是写农民艰苦辛勤的生产劳动；

第二类是写农民安定闲适的生活景象；

第三类是写农民所受到的压迫与剥削。

有专家把第一类田园诗歌称为“农事诗”。因为，田园诗发展到宋代已发生了很大的变化，这些诗“描写的重点已从歌咏田园风光，转而直接描写农民的疾苦和农事活动……诗人们虽然由于出身各异，社会地位不同，但大都关心农业生产，熟悉农村情况，对农民有较深厚的感情，故能写出深刻反映农村现实生活，具体、真切、生动、充满浓郁生活气息的农业诗歌，因而这些诗歌如果还继续称之为‘田园诗’，似乎已不大确切，故称之为‘农事诗’”（陈文华《中国古代农业文明史》）。

范成大所写的组诗《四时田园杂兴》，与过去那种远离现实单纯描写农村自然风光的田园诗有着本质区别，他把传统田园诗对农村风光的欣赏，逐渐转移为对农村生产的重视和对农民命运的关心，把田园诗推到了一个新的境界。钱锺书先生甚至这样说，范成大可以跟陶渊明相提并论，甚至后来居上。我们随机选取几首《四时田园杂兴》，就能对农事诗有一个更强烈的感受。比如：

小妇连宵上绢机，
大耆催税急于飞。
今年幸甚蚕桑熟，
留得黄丝织夏衣。

《蚕织图卷》（局部）　宋·梁楷

一边是小媳妇废寝忘食地织着丝绸，一边是老村长火急火燎地催着缴税。农事的紧张、农民的艰难由此可见一斑。再比如：

新筑场泥镜面平，
家家打稻趁霜晴。
笑歌声里轻雷动，
一夜连枷响到明。

《耕织图册·持穗图》（局部）　清·焦秉贞

秋收以后，趁着天晴，赶紧打稻晒谷，从白天忙到晚上，一夜都不得安生。笑声伴着汗水在飞，歌声随着盼头在响。这是典型的农事生活。回头我们再看看这首诗：

昼出耘田夜绩麻，村庄儿女各当家。
童孙未解供耕织，也傍桑阴学种瓜。

这哪有什么闲适可言？哪有什么宁静可言？即便童孙学种瓜有些许乐趣，也不过是苦中作乐、笑里含泪罢了。

所以，范成大的这首诗不是传统意义上的“田园诗”，而是一首典型的“农事诗”。诗人用清新的笔调、细腻的笔触，描写了一幅火热繁忙的劳动图景，表达了对农民辛勤生产、艰苦生活的深切同情。

四

以为童趣诗都是一个风格，以为田园诗都是一个调子，这是未经思辨的肤浅和狭隘。其实，在中国古典诗词中，“儿童”是一种常见的诗歌意象。这一意象有着比它本身更为丰富而且相对固定的内涵，诗人选择儿童意象，不仅仅是他个人的行为，而且在很大程度上也受到文化语境的影响和制约。

比如，唐代诗人贺知章写的这首家喻户晓的诗——《回乡偶书》：

少小离家老大回，乡音无改鬓毛衰。
儿童相见不相识，笑问客从何处来？

这里出现了一个“儿童”意象。请问，这个儿童意象在这首诗中究竟有着怎样的内涵和意蕴呢？

有人说，这是以乐写忧。儿童笑问，天真烂漫。但是，这一笑问，对诗人却是重重的一击，这里本来是我的故乡，我本来是这里的主人，但是，时光流转，岁月更迭，我竟然成了外乡人，叫人情何以堪啊！

有人说，这是悲喜交集。当年离家，风华正茂；今日返乡，风烛残年。正所谓，“物是人非事事休，欲语泪先流”（李清照《武陵春·春晚》）。这时，遇见儿童，遇见笑问，不觉哑然失笑。

无论是以乐写忧说，还是悲喜交集说，儿童的作用都只是一种反衬，儿童的形象都只是一种天真。

但是，如果我们迈入文化的长河，沿波讨源，追根究底，你就会惊讶地发现，这首诗中的儿童意象远非你所理解的这么简单、这么肤浅。

在中国文化语境中，儿童作为某种特定的文化意象，一般具有三个特点：

第一，儿童意象往往跟高人隐士的向往境界联系在一起。

比如，唐代诗人施肩吾写过一首诗，题目叫《幼女词》：

幼女才六岁，未知巧与拙。
向夜在窗前，学人拜新月。

我们知道，农历七月初七是七夕节，又叫乞巧节。这是一个古老的节日。这一日，天上，牛郎和织女一年一度相会；人间，慢慢形成了两个习俗，都跟女性有关：第一个，就是在月下比赛穿针，先完成的就是“巧者”，有奖励；第二个，为了成为巧者，妇女们开始拜月，祈求天上的织女护佑，让自己变得心灵手巧，以至于后来女儿的终身大事也开始通过拜月祈求织女赐福。

显然，拜月对成人来说，是一种功利的行为，无论为了生计还是为了婚姻。但是，这个未知巧拙的幼女，居然也在窗前学拜新月。它既无功利，也无目的，这是一种天真烂漫的审美姿态。施肩吾本人是道士出身，所以，这首诗与其说是在写自己的娇女，不如说是在写自己的人生感悟和生命境界。看腻了投机取巧，看透了争权夺利，让自己的生命复归于婴儿，活出率真，活出天机。

第二，儿童意象往往跟老人相对比。

比如，唐代诗人王维写的《渭川田家》的前半部分：

△《柳荫归牧图》（局部） 宋·佚名

斜阳照墟落，
穷巷牛羊归。
野老念牧童，
倚杖候荆扉。

夕阳西下，要归来的不仅是牛羊，还有牧童、田夫。其实，田野上的一切生命，在这个黄昏时节，似乎都在思归。我们现在注意“野老念牧童，倚杖候荆扉”这个意象。为什么是“野老”念牧童，而不是“田妇”念牧童呢？按理说，天晚了，母亲牵挂儿子，也是人之常情啊。我们还可以倒过来思考，为什么是野老念“牧童”，而不是野老念“儿郎”呢？天晚了，父亲牵挂儿子，同样是人之常情啊。

其实，诗人这样写，已经不是一个简单的观察生活、反映生活的问题，无论他自觉不自觉，在很大程度上都是受到了文化传统、文化语境的影响。人生分两头，起点在牧童那里，终点在野老这里。野老的历经沧桑，与牧童的一派天真，无疑会形成一种强烈的审美张力。这张力足以令野老们放下沧桑、升华沧桑，而归于牧童的自然、自在与自由，以实现某种心灵上的平衡。最典型的意象，莫过于中国画中老子骑牛与牧童结伴而行。

第三，儿童意象往往出现在跟成人的问答中。

比如，唐代诗人贾岛写的《访隐者不遇》：

松下问童子，言师采药去。
只在此山中，云深不知处。

“松下问童子”，发问的当然是诗人；“言师采药去”，答的当然是童子。一问一答，已经是一种戏剧性的写法，有着极强的现场感和画面感。事实上，对话是通过语言手段进入理想王国的一种途径。通过问答，诗人突然被带入儿童的精神世界。其实，问了童子之后，隐者的遇和不遇，已经无关紧要。因为，童子的回答，是一种启示、一种隐喻，那一刻，诗人的心境和隐者的心境早已融为一体。

现在可以回头说说贺知章的《回乡偶书》了：

少小离家老大回，乡音无改鬓毛衰。
儿童相见不相识，笑问客从何处来？

可能大家已经发现，从儿童意象的角度来看，这首诗同时具备了上面所讲的三个特点。

第一，这里的儿童意象，跟贺知章对高人隐士的向往联系在一起；

第二，这里的儿童意象，跟贺知章这位老人形成对比；

第三，这里的儿童意象，出现在跟贺知章这位老人的问答中。

这样一来，儿童就不再是诗歌的调味品，太淡了放点盐，太酸了放点糖，用来调节诗歌的情感色彩。如前面所讲，以乐写忧也好，悲喜交集也好，儿童不过是用来稀释或者调节“老大伤悲”的盐或者糖。

那么，这里的儿童意象究竟有着怎样的内涵和意蕴呢？

一位八十六岁的老人，久居他乡回到故乡，却被一个毫无防人之心的孩子误做客人，那句脱口而出的“何处来”，令诗人反观自己的内心：我是谁？我从哪里来？我到哪里去？我的故乡到底在哪里？

也许，诗人会想，自己曾经也是这样一个全身心拥抱世界的孩子；也许，诗人会想，孩子终有一天也将变成现在的自己，历经沧桑，人生如梦；也许，诗人会想，我们终究不过是故乡的一个过客，世事无常，此心安处是吾乡。刹那间，诗人这颗尘封已久的心被儿童所拯救。

我们清楚地看到，儿童这个意象在贺知章这首诗里，既不是可有可无的装饰品，也不是稀释情绪的调味品，儿童意象体现了整首诗的精神境界，蕴含着诗人对生命的终极关怀，是整首诗的灵魂所在。

这样的解读，需要我们具备良好的思辨意识和能力。如果我们只是想当然地用那种线性思维、刻板思维来解读古典诗词中的儿童意象，既不考察整个诗歌的文化传统，也不分辨诗人的时代背景，更不领悟一首诗的整体风貌和深层结构，那么，我们的语文学习就会变得肤浅、狭隘。

用『三只眼睛』看语文

一

中国传统的语文教学有一个基本特点，就是“文史哲”不分家。“文”指的是“文学”，“史”指的是“历史”，“哲”指的是“哲学”。

举个例子，比如《论语》这部书，主要记载孔子及其弟子的言行。那么，这部书是文学、是历史、还是哲学呢？读过的人都知道，分不清楚。《论语》这部书修辞手段很丰富，语言表达讲究对仗排比，人物刻画自然真实，可以看作是文学典籍；《论语》这部书保存了春秋时期不少重要的史实，记载了一百多位历史人物，可以看作是历史典籍；《论语》这部书贯穿“仁”这个核心思想，涉及政治哲学、伦理哲学、教育哲学、生命哲学等，可以看作是哲学典籍。总之，文史哲是没有办法分清楚的。

这样说可能还是比较抽象，我们举《论语》当中的一个例子吧。《论语》第六篇“雍也”，第十一章是这样写的：

子曰：“贤哉！回也。一箪食，一瓢饮，在陋巷。人不堪其忧，回也不改其乐。贤哉！回也。”

《至圣先贤像册·颜回像》 佚名

像这样一章文字，你就很难判别它究竟是文学的、是历史的、还是哲学的。

我们从文学的角度看这一章。它的内容是讲孔子对弟子颜回的夸赞，说颜回这个人，一箪饭，一瓢水，居陋室，别人都受不了这穷苦的忧愁，但颜回一点都没有改变自得的快乐。

孔子的话，一共二十八个字。如果纯粹从叙事的角度看，这一章完全可以删去十一个字，变成这样：

一箪食，一瓢饮，在陋巷，不改其乐，贤哉！回也。

事情说得清清楚楚，夸赞写得明明白白，文字用得简简单单。

但是这样一来，文学性就没有了。这一章的文学性体现在哪里呢？按照钱穆先生的说法，集中体现在这样两个方面：

一方面，“贤哉”重复了两次，“回也”重复了三次，这其实是一种赋的写法，读起来有一唱三叹、回环复沓的韵律，语义也因为复沓的修辞方式得到了渲染和强调。这就是一种文学性。

另一方面，“人不堪其忧”，其实是一种反衬、对比，这个不堪其忧的“人”到底是哪些人，孔子没有说，也不必说，目的只有一个，借以衬托和强调颜回的“不改其乐”。这也是一种文学性。

所以，我们可以说，孔子其实是在用诗一样的语言夸赞弟子颜回。

我们从历史的角度看这一章。首先，颜回这个人物不是虚构的，历史上确有其人。我们常说，孔子有弟子三千、贤人七十二。这七十二位贤人中，排在第一位的就是颜回。颜回，名回，字子渊，跟孔子是同乡，都是鲁国人。他十四岁拜孔子为师，直到四十一岁去世，终生师从孔子。在七十二位贤人中，颜回以德行著称，是孔子认为最好学的人，真正的仁者。作为中国儒家历史上一位重要人物，这一章记载的就是颜回的德行表现。其实，整部《论语》，有关颜回的记叙多达二十一章。说他“不违”，说他“好学”，说他“不迁怒”，说他“不贰过”，说他“闻一知十”等。这就是一种历史性。

我们从哲学的角度看这一章。有人说，这一章不就是用文学的语言记载颜回的德行史实吗，能有什么哲学性可言呢？其实不然，这一章提出了儒家哲学的一个重大命题——孔颜之乐。我们看颜回，日子过得这么简陋，生活过得这么贫苦，换了别人，早就叫苦不迭、怨天尤人了。但是，颜回活得怎样呢？“不改其乐”。什么叫“不改”？如果颜回本来是“忧”的，现在变得“乐”了，我们能说“不改”吗？

“不改”说明颜回本来就是快乐的。没有因为简陋、贫苦而改变自己本来的快乐。请问，颜回本来就乐，乐的是什么？

有一个成语，叫“安贫乐道”，说的就是颜回。他乐的不是柴米油盐酱醋茶，他乐的也不是琴棋书画诗酒花，他乐的是“道”。“不改其乐”，说明颜回得道了。得道了，才能活出“不改其乐”的境界。这个道，就是孔子讲的“朝闻道，夕死可矣”的“道”，就是孔子讲的“道也者，不可须臾离也”的“道”，就是孔子讲的“道不远人”的“道”，就是孔子讲的“人能弘道，非道弘人”的“道”。

这个“道”，既是一种哲学层次上的规律，也是一种终极意义上的本体。我们由“不改其乐”看到的是它的哲学性。

正因为中国语文的传统是文史哲不分家的，所以，我们说，要学好语文就需要“三只眼睛”。第一只，文学的眼睛；第二只，历史的眼睛；第三只，哲学的眼睛。用三只眼睛看语文，才能真正看清语文的本来面目。

二

我们来看一组古典诗词。

第一首，岳飞的《满江红》：

怒发冲冠，凭栏处、潇潇雨歇。抬望眼，仰天长啸，壮怀激烈。三十功名尘与土，八千里路云和月。莫等闲，白了少年头，空悲切！　　靖康耻，犹未雪。臣子恨，何时灭！驾长车，踏破贺兰山缺。壮志饥餐胡虏肉，笑谈渴饮匈奴血。待从头，收拾旧山河，朝天阙。

第二首，林升的《题临安邸》：

山外青山楼外楼，西湖歌舞几时休？
暖风熏得游人醉，直把杭州作汴州。

第三首，陆游的《秋夜将晓出篱门迎凉有感》：

三万里河东入海，
五千仞岳上摩天。
遗民泪尽胡尘里，
南望王师又一年。

《黄流巨津图》 明·陈洪绶

这一组古典诗词，当然都是文学作品。但是，之所以把它们放在一起，首先不是因为它们都是文学作品。放在一起的理由，需要我们用历史的眼睛去发现。这段历史就是岳飞《满江红》里所写的“靖康耻”三个字。

没有“靖康耻”，就没有岳飞的《满江红》，就没有林升的《题临安邸》，就没有陆游的《秋夜将晓出篱门迎凉有感》。那么，“靖康耻”指什么呢？

北宋靖康年间，也就是公元1126年到1127年，北方的金国率兵南下，攻陷北宋首都汴京，导致北宋灭亡。这就是中国历史上著名的“靖康之耻”。

那么，“靖康耻”到底有多耻呢？我们先来看看造成的直接后果。

第一，北宋的两个皇帝，宋徽宗、宋钦宗都被押到金国成了阶下囚。

第二，北宋的皇家贵族、后宫嫔妃、朝廷大臣三千多人，也都被押到金国成了阶下囚。

第三，北宋首都汴京近二百年的积蓄——金银财宝、图书器皿等，被金兵洗劫一空。

第四，北宋首都汴京十多万壮丁妇幼，被劫持去了金国，整座皇城几乎成为一座空城。

这还只是直接的后果，间接的后果根本无法估量。那么，靖康耻的发生，是因为两国实力相差悬殊所致吗？

我们不妨看一看当时宋金两国的实力对比。

第一，双方兵力。金兵围城约20万，宋兵正规军10万以上、勤王兵20万以上。

第二，双方财力。汴京城军粮储备可供200万人吃上半年，国库储备充盈，足以支撑战争之需。金兵军需储备只够短期攻城，不足以打持久战。

第三，双方士气。北宋方面，主战将领居多，且有与敌俱死的决心；百姓支持朝廷抗战，自发组织民兵武装，斗志高昂。

这样看来，靖康耻其实完全可以避免。

但“靖康耻”是一个无法改写的史实。原因何在？

一言以蔽之，在北宋朝廷的昏聩无能、软弱可欺。

当时，北宋王朝内政外交的总方针是：防内甚于防外，防民甚于防敌；对敌方一味屈膝求和，对国内抗战力量则百般摧残、不遗余力。一句话，对敌“和”，对己“狠”。正是这一根本国策，最终导致了“靖康耻”。

“靖康耻”，导致北宋灭亡，中原故土成为金国领地，北宋遗民生活在水深火热之中，华夏文明受到严重摧残。

睁开了“靖康耻”这只历史的眼睛，我们才能真正读懂岳飞的“怒发冲冠”“仰天长啸”，才能真正读懂林升的“西湖歌舞几时休”，才能真正读懂陆游的“遗民泪尽胡尘里”。

这一段华夏民族的耻辱史，是这些诗词的情感底色。既是悲哀的，也是悲壮的，还是悲凉的。

三

要真正解读这一组诗词各自的内涵，我们还需要进一步睁开历史的眼睛，把目光投向各自的历史现场。比如，岳飞的《满江红》。如果，我们不能进一步睁大历史的眼睛，那么，很多地方就可能浅尝辄止、蜻蜓点水，有的地方甚至可能以讹传讹、酿成谬误。

要更好地解读《满江红》，我们就必须清楚岳飞身上那些重要的历史节点。

“靖康耻”之后，南宋王朝建立，定都临安，也就是现在的杭州。岳飞是南宋早期著名的抗金将领。他治军有方，率领的岳家军军纪严明、百战百胜，敌人惊呼，“撼山易，撼岳家军难！”

岳飞的第一个历史节点在绍兴六年（1136）。这一年，岳飞率领岳家军北伐，一路过关斩将，直逼原北宋都城——汴京，可惜因粮草不济，功亏一篑。不久，宋高宗重用秦桧，与金国达成和议。

岳飞的第二个历史节点在绍兴十年（1140）。这一年，岳飞再次率军北上，大破金兀术的拐子马。当岳家军的先锋部队已经抵达朱仙镇的时候，岳飞却在一天之内连续收到十二道金牌，命令他班师回朝。结果，已经被宋军收复的中原故土，重新落入金兵之手。岳飞怒不可遏、声泪俱下：“十年之力，废于一旦。”不久，金国因为无力攻灭南宋，同意重新议和，但前提是必杀岳飞。

岳飞的第三个历史节点在绍兴十一年（1141）。这一年，岳飞先是被剥夺军权，又被污蔑谋反，最后以“莫须有”的罪名被赐死。临死前，岳飞写下八个大字：“天日昭昭！天日昭昭！”

《满江红》这首词，就写于岳飞的第二个历史节点。绍兴十年，十二道金牌逼令岳飞班师回朝。为抒写“十年之力，废于一旦”的愤懑，为重申“精忠报国，还我河山”的壮志，岳飞写下了这首千古绝唱。

整首词抒发的情感基调由“怒发冲冠，凭栏处、潇潇雨歇”奠定，整首词塑造的人物形象也由“怒发冲冠，凭栏处、潇潇雨歇”奠定。

其实，这一句采用的是倒装的笔法。先爆发情绪，突出形象——“怒发冲冠”。愤怒至极，头发直竖。为什么会有这样一种情绪、这样一个形象呢？因为，“抬望眼，仰天长啸，壮怀激烈”。“望”什么？望得而复失的中原故土，望流离失所的北宋遗民，望繁华不再的故都汴京，望远在金国的徽钦二帝。如果没有这八百里加急的十二道金牌，十年之力，必将成于一旦。胜利在望，却拱手相让。作为战场主帅的岳飞，能不义愤填膺？能不扼腕叹息？能不怒发冲冠？

用历史之眼解读这两句，“怒发冲冠”绝非矫揉造作，更非无病呻吟。岳飞的情绪、情感，是由特定的史实决定的。而历史的悲慨之叹，用倒装这一文学的手法，就显得更加感人。所以，你发现，历史之眼和文学之眼同时审视，解读就会更加深切。

“三十功名尘与土，八千里路云和月。”这一句，如果不能同时用历史之眼和文学之眼考量，就非常容易出错。

写这首词的时候，岳飞已经三十七岁。如果按照四舍五入法，这一句应该写成“四十功名尘与土”。这样解读，就是只要历史之眼不要文学之眼。其实，这里的“三十”是一种文化理念。孔子说自己“三十而立”，《礼记》上说“三十曰壮”，司空图说“三十功名志未申”。这里的“三十”，不是实指，而是指“建功立业”之年。因此，有些人把“三十功名尘与土”解读为过去所得的功名都像尘土一样微不足道，认为岳飞视功名如粪土，这是讲不通的。

为什么呢？第一，“三十”在中国文化语境中指“建功立业”之年，这是一种被古人肯定的价值观。岳飞跟过去的仁人志士一样，也以求取功名为荣，这由岳飞的另一首词《小重山》可以确证，他说“白首为功名”；第二，岳飞求取的是什么“功名”呢？是一己之功、为己之名吗？显然不是。他要的功名，是收复中原的赫赫之功，是拯救百姓的青史垂名。

所以，结合这个历史节点，“三十功名尘与土”，指的应该是建功立业之年所取得的功名，到如今，因为不得不班师回朝，只剩下征袍上的“尘与土”，什么都没有了。用当时岳飞自己的话来说，“社稷江山，难以中兴！乾坤世界，无由再复！”这才有“怒发冲冠”之情在先，“仰天长啸”之态于后。

其实，这一句正是岳飞班师回朝时所说的那句“十年之力，废于一旦”的文学表达。“十年之力，废于一旦”是历史的说法，“三十功名尘与土”是文学的语言。

再看“八千里路云和月”。“云和月”这个意象，常常用来表示路途遥远，表示可望而不可即。如王翰的“云月渺千里，音微不可闻”，如李白的“何用孤高比云月”，如赵嘏的“今日尊前无限思，万重云月隔烟波”。这些诗句中的“云月”，表达的都是可望而不可即的意思。

这样一来，“八千里路云和月”，就不能理解为披星戴月、转战千里了。结合当时的历史节点，我们可以理解，因为猝然班师，转战千里收复的土地，就像云和月一样可望而不可即了。这是“十年之力，废于一旦”的又一次文学表达。所不同的是，“三十功名尘与土”是时间维度的文学语言，而“八千里路云和月”则是空间维度的文学语言。

三十功名，只剩尘土；八千里路，渺如云月。用历史的语言说，十年之力，废于一旦。这样一种并列反复的表达，在强调什么？在突显什么？就是在强调“怒发冲冠”的情绪，就是在突显“仰天长啸”的形象啊。

但是岳飞毕竟还是岳飞，班师不可能削弱他精忠报国的雄心，挫折不可能改变他还我河山的壮志。于是，笔触一转，“莫等闲，白了少年头，空悲切”。

岳飞知道，沉溺在悲切之中最终无济于事。因为，“靖康耻，犹未雪。臣子恨，何时灭！”

我渴望，“驾长车，踏破贺兰山缺”；我渴望，“壮志饥餐胡虏肉”；

我渴望，“笑谈渴饮匈奴血”。一句话，挥师北上，消灭敌寇，收复故土，解救百姓。

有人曾经质疑，说《满江红》不是岳飞所写，理由就是这里写到的“贺兰山”“胡虏”“匈奴”等词。他们认为，从历史的角度看，金国的都城在东北，贺兰山在西北，根本就是相反的方向，怎么可能出自对战场了如指掌的岳飞之手呢？还有，当时岳飞的敌人既不是“胡虏”，也不是“匈奴”，而是“金寇”。

其实，这就是只要历史之眼不要文学之眼的解读结果。这里的“贺兰山”跟“胡虏”“匈奴”一样，都是指代“敌人”“敌军”，是专名作为通名之用。有人问，你这样说有根据吗？当然有。

王维的《老将行》有这样的诗句：

贺兰山下阵如云，羽檄交驰日夕闻。

“阵如云”就是敌阵如云，形容敌军云集、阵势密集。岳飞的这一句，就是化取王维的诗意——我驾着长驱直入的战车，踏破敌人的如云之阵。我们知道，岳飞是专打硬仗的人，而且百战百胜。

关于“贺兰山”这一独特的指代敌人的意象，早于岳飞的北宋诗人姚嗣宗，就写过这样的诗：“踏破贺兰石，扫清西海尘。”晚于岳飞的金朝诗人元好问也写过这样的诗：“捉却贺兰山下贼，金鞍绣帽好还乡。”这些都足以证明，岳飞词中的“贺兰山”并非专指，而是代指。“胡虏”和“匈奴”也是相同的意思。所以，如果拘泥于历史之眼，而暗淡了文学之眼，我们的解读就会误入歧途、陷于僵局。

当然，岳飞的最终理想不仅仅是消灭敌寇，而是要“待从头，收拾旧山河，朝天阙”。有朝一日，耻已雪，恨已灭，到那时，再收拾河山，重整天下。

我们解读岳飞的《满江红》，既要睁大历史之眼，看清词的时代背景，看清作者的人生节点；也要张开文学之眼，明白词中各种意象的审美情感和象征内涵。如此，才不辜负这首“千载下读之，凛凛有生气焉”的爱国杰作。

四

但是，我们知道，岳飞在《满江红》中抒写的崇高志向，最终在他39岁那一年，彻底化作了泡影。

其中的缘由，林升在他的诗歌《题临安邸》中做了文学的回答：

山外青山楼外楼，
西湖歌舞几时休？
暖风熏得游人醉，
直把杭州作汴州。

《四景山水图》（部分）　宋·刘松年

而由此造成的后果，陆游在他的诗歌《秋夜将晓出篱门迎凉有感》中同样做了文学的描写：

三万里河东入海，五千仞岳上摩天。
遗民泪尽胡尘里，南望王师又一年。

如果，岳飞的《满江红》能成为现实，那么，林升的《题临安邸》就不会记入史册；如果，林升的《题临安邸》没有成为现实，那么，陆游的《秋夜将晓出篱门迎凉有感》就成了虚妄之词。可惜，历史不能假设，事实不容虚构。

这两首诗，你把它们放在一块儿读，跟你一首一首分开读，对于诗意的开掘和把握是有深度和力度上的区别的。比如，《题临安邸》写了一种人，“游人”。何谓“游人”？请注意，“游人”非“游客”，此处的“游人”特指南宋小朝廷的那些达官贵人。《秋夜将晓出篱门迎凉有感》也写了一种人，“遗民”。何谓“遗民”？显然是指被南宋王朝遗留、遗忘乃至遗弃在中原一带的北宋子民。这是两种人，一种人的状态用诗中的字眼来说就是“醉”，这个“醉”不是我们常讲的“沉醉”“陶醉”。面对这个“醉”字，你会想到腐朽、没落的达官贵人的种种丑态。比如烂醉如泥、纸醉金迷、醉生梦死。另一种人的状态，也用诗中的字眼来说就是“泪”，泪湿衣衫、血泪斑斑、欲哭无泪。两种人，两种生活，两个世界。这种对比，是红与黑的对比、血与火的对比、战争与和平的对比。

但这只是一种表象的、表面的互文关系，深层的互文又在哪里呢？细读，你一定明白，两种人有着明显的因果联系。第一，游人与遗民本是一国之人，如今，国破山河在，城春草木深。第二，游人本该救遗民于水深火热之中，但是，游人已醉、北定落空。第三，遗民却无时无刻不在企盼游人的到来，可怜，泪尽胡尘、永无尽头。

然而，文本的深层诗意似乎并未到此为止。你看，“遗民泪尽胡尘里，南望王师又一年”。一年过去了，遗民们翘首企盼王师来收复故土。但是，没有。五年过去了，十年过去了，五十年过去了，黑发人都熬成白发人了，王师还是没有来。就这样，一年又一年，一代又一代，王师没有来。王师在哪里？这是遗民的呼唤，也是诗人的呼唤！你再看，“山外青山楼外楼，西湖歌舞几时休？”问问那个无道昏君，西湖歌舞几时休？问问那些奸臣小人，西湖歌舞几时休？问问那帮无能王师，西湖歌舞几时休？替白发苍苍的老人们问一问，西湖歌舞几时休？替骨瘦如柴的孩子们问一问，西湖歌舞几时休？一个“望”，望出的是诗人的忧国忧民；那么，一个“问”，问出的难道不是诗人的忧国忧民吗？为黎民而忧、为社稷而忧、先天下之忧而忧，这正是文本的深层诗意所在。

当然，这样解读，还只是将历史之眼和文学之眼结合起来的一种阐释。我们之所以把这三首不同年代、不同作者、不同风格的诗词放在一起，其实还有更为深层的意蕴。

这更为深层的意蕴，就需要我们睁大哲学的眼睛去探寻。

岳飞的《满江红》，抒写的是他个人的志向和情怀，他告诫和激励自己，无论千山万水，无论千难万险，为了精忠报国，为了还我河山，自己必须“莫等闲，白了少年头，空悲切”。时不我待，机不可失。

林升的《题临安邸》，则是以讽刺的口吻告诫和激励整个南宋王朝，尤其是那些身居高位、手握大权的达官贵人们，“莫等闲，白了少年头，空悲切”。

而陆游的《秋夜将晓出篱门迎凉有感》，则是从泪尽胡尘的遗民立场，饱蘸血泪地呼唤南宋王朝，“莫等闲，白了少年头，空悲切”。

如果继续联系我们这个民族的历史，尤其是中国近代史，我们是不是同样能够强烈地感受到，一千多年前，那位在秋雨潇潇中登高望远的民族脊梁仰天长啸——“莫等闲，白了少年头，空悲切”依然在历史的天空回荡着。

莫等闲，真乃千古箴言！

作为个人，为了人生志向的达成，必须“莫等闲”；作为组织，为了共同愿景的实现，必须“莫等闲”；作为国家，为了战略决策的落实，必须“莫等闲”；作为民族和人类，为了幸福美好的明天，必须“莫等闲”。

我们之所以把这三首诗词放在一起，从文学的角度看，它们都属于中国古典诗词，都以鲜明丰富的文学意象来抒写强烈的民族气节和爱国情怀；从历史的角度看，它们都以“靖康耻”为情感底色，向我们描绘了那段特殊历史中诗人忧国忧民、心系天下的思想境界；从哲学的角度看，正是基于历史又高于历史的“莫等闲”这一哲学思考，让它们在灵魂深处贯通一起，并穿越时空，成为人类永恒的价值思辨。

学语文，如果我们能同时擦亮文学之眼、历史之眼、哲学之眼，那么，呈现在我们眼前的语文世界，必将变得更加开阔、更加高远、更加美好。

学语文，该是重新将文史哲合而为一了。这是对中国语文传统的一种承续，也是对中国当代语文的一种重建。

学语文就是学做人

一

语文是什么？有人这样说：

语文——
是炫目的先秦繁星，是皎洁的汉宫秋月；
是珠落玉盘的琵琶，是高山流水的琴瑟；
是推敲不定的月下门，是但求一字的数茎须；
是庄子的逍遥云游，是孔子的颠沛流离；
是魏王的老骥之志，是诸葛的锦囊妙计；
是君子好逑的《诗经》，是魂兮归来的《楚辞》；

是执过羊鞭的《兵法》，是受过宫刑的《史记》；

是李太白的杯中酒，是曹雪芹的梦中泪；

是千古绝唱的诗词曲赋，是功垂青史的《四库全书》……

诗意的表达，诉说着语文的思想之美、人性之美、文化之美。正如语文教育大家顾黄初先生说的那样："语文这个工具，作为信息的载体，它在实际运用中总是承载着人们所要表达的情、理、意、趣的。在语文学科中学习语文，主要是学习承载着人们情、理、意、趣的语文，而不是孤立的、静止的、不表现任何实际内容的语文。"说"学语文就是学做人"，正是体现了这一特点。

二

元朝的王冕在自己画的《墨梅图》上题写过这样一首诗：

吾家洗砚池头树，
个个花开淡墨痕。
不要人夸好颜色，
只流清气满乾坤。

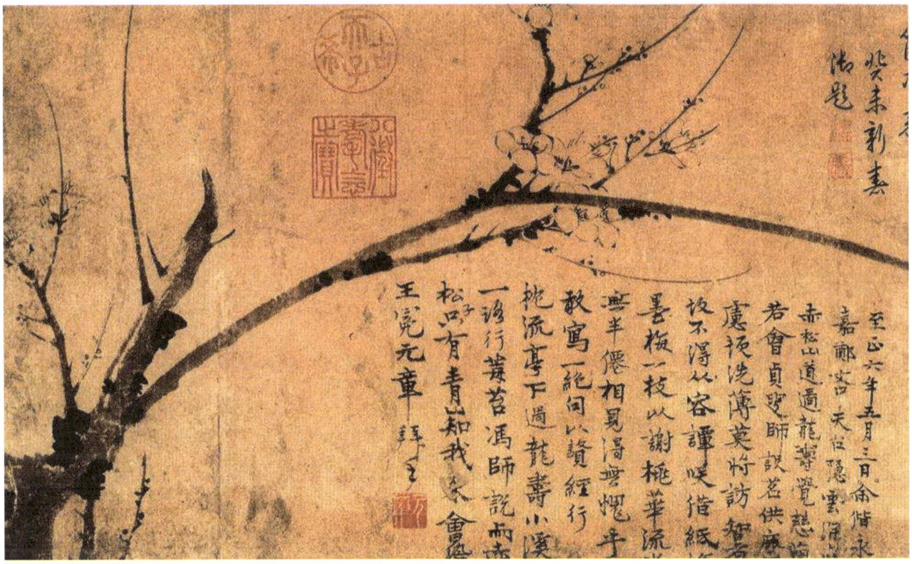

《墨梅图》（局部）　元·王冕

这首质朴晓畅的七言题画诗，大意是说：生长在我家洗砚池边的梅花树，朵朵花儿仿佛浸染了清洗画笔时留下的淡淡墨痕。它不需要别人夸赞色彩的艳丽，只祈求自己的清气流布在天地之间。

我们学这首诗，知道了大意、了解了这些字面的意思就够了吗？如果我们只拘泥在诗歌的字里行间，满足于知道它所承载的各种信息，不但不能真正读懂这首诗的气象格局，而且对自己的心灵成长也毫无裨益。

如果从学语文就是学做人的角度切入，这首诗我们还可以怎么读呢？

可能很少有人注意到，这首诗其实同时写到了三种不同的梅花。

第一种，“家中的梅花”。你看，“吾家洗砚池头树”，王冕已经明白无误地告诉我们，这是我家的梅花。有意思的是，我家的梅花种在洗砚池头。

千万不要轻易放过“洗砚池”，王冕讲的“洗砚池”大有来头。原来，它是个典故。这个典故出自王羲之的“临池学书，池水尽黑”。相传，书圣王羲之苦练书法，经常到自家旁边的一口池塘里涮笔洗砚，时间长了，池水尽黑。现在的山东临沂、浙江绍兴等地，都留有王羲之洗砚池的遗迹。

王冕将梅花种在洗砚池头，是有深意在的。深意在哪里呢？

我们知道，王冕是浙江诸暨人。小时候家境贫寒，父亲叫他给地主家放牛。乡里有一所学堂，王冕听到学堂里传出琅琅书声，很是羡慕。于是，他经常把牛拴在树上，去学堂听先生讲课，有时还向先生借书读。

有一回，王冕从学堂出来，发现牛不见了。父亲听说后，又急又气，拿起门闩就要打他，吓得王冕逃出村子，躲进一所庙里过夜。晚上，王冕坐在佛像的膝盖上，借着长明灯的亮光，聚精会神地读起从学堂借来的书。

王冕不仅爱读书，更爱画画。一个初夏的傍晚，雨过天晴，王冕去湖边放牛。这时，阳光透过云层，照得满湖通亮。湖畔的山丘，郁郁葱葱，青翠欲滴。湖里的荷叶挨挨挤挤，荷花从这些大圆盘之间冒出来，格外娇艳。

王冕心想：要是能把眼前的美景画下来，该有多好！

于是，他向学堂借来纸墨笔砚，坐在湖边开始画画。起初，王冕画的荷花，都像长了翅膀要飞似的，一点也不像。可他不灰心、不气馁，一边画一边对着荷花细细琢磨。一张不行，再画一张。就这样画来画去，琢磨来琢磨去，他画的荷花简直就跟活的一样。

后来，王冕成了大画家。他最擅长画墨梅，被誉为“画梅圣手”。

他的家里，也有一口洗砚池。王羲之是“临池学书，池水尽黑”，王冕呢，则是“临池学画，池水尽黑”。

这口洗砚池，是王冕立志向书圣王羲之学习的象征，也是王冕立志学画并最终成为“画梅圣手”的见证。

第二种，“画中的梅花”。你看，“个个花开淡墨痕”，请问，有谁见过淡墨色的梅花？梅花有白色、有红色、有淡紫色，却独独没有淡墨色。其实，这里的花开淡墨痕，绝非实指王冕的家中之梅，而是王冕的画中之梅。

我们知道，王冕是“画梅圣手”，他首创了“密梅画法”。他画的梅花如铁线勾勒，虽不着色，却表现出千朵万朵竞相绽放的神韵。他画的梅枝，或疏朗，或繁密，或疏密停匀，这其中，尤以繁密见胜。画新枝时，一笔可以拉出几尺长，断而复连，停而不滞，显得潇洒遒劲；画老干时，用顿挫的笔锋，画得浓黑苍劲，显得雄浑有力。

我们读王冕的“个个花开淡墨痕”，正是他“密梅画法”的生动写照。写“个个花开”而不是常见的“朵朵花开”，听听语气，是不是有一种干脆利索、铿锵有力的感觉？一如他以遒劲的笔法勾勒梅花。写“个个花开”而不是“一个花开”“几个花开”，想想情形，是不是有一种千朵万朵竞相绽放的画面感？这正是王冕“密梅画法”的神韵所在。

而问题关键在于，他画的梅花，既非白色，也非红色，而是淡墨色。从画梅的技法上说，其实就是不着色。这是为什么？我们不妨想想有关“淡”的词语：淡泊明志、淡定自如、淡然如水、淡若清风。我们不妨再想想有关“痕”的词语：大雪无痕、花落无痕、不着痕迹、了无痕迹。很显然，“淡墨痕”不只是一种画梅的技法，技法的背后更是一种品格的自觉彰显。

史书记载，朋友李孝光想推荐他去做府吏，被王冕拒绝了。

史书记载，老友泰不华多次举荐他为官，被王冕拒绝了。

史书记载，他的老师王艮劝他做官，被王冕拒绝了。

史书记载，元朝的达官贵人不惜重金向他求画，被王冕拒绝了。

史书记载，明朝开国皇帝朱元璋赏识其才华决定重用他，王冕以出家为由也拒绝了。

王冕曾经这样说道："我有田可耕，有书可读，奈何朝夕抱案立于庭下，以供奴役之使！"

我们这才恍然大悟，原来，"淡墨痕"真正所画的不是梅花，而是王冕内心的志向和人格。梅花的质朴，乃是人格的质朴；梅花的淡然，乃是志向的淡然。

第三种，"心中的梅花"。你看，"不要人夸好颜色，只流清气满乾坤"，"不要……只要……"的关联句式，明摆着是一种选择。"不要"得斩钉截铁，"只要"得义无反顾，让我们不得不做出这样的思考：究竟谁在选择？家中的梅花是自然之物，会有这样的动机吗？画中的梅花是人为之物，会有这样的志愿吗？想来只有一种可能，会做出"不要……只要……"选择的，只能是人。

王冕不要什么？不要人夸好颜色。在俗世之人看来，有权有势是好颜色，荣华富贵是好颜色，养尊处优是好颜色，作威作福是好颜色。而这些，王冕不要。

那么，王冕只要什么？——只流清气满乾坤。

这才是王冕一生的人格追求。

写梅花，通常会写它的香气。王安石在他的《梅花》中这样写道：

遥知不是雪，为有暗香来。

林和靖在他的《山园小梅》中这样写道：

疏影横斜水清浅，暗香浮动月黄昏。

卢梅坡在他的《雪梅》中这样写道：

梅须逊雪三分白，雪却输梅一段香。

而在王冕的笔下，“香气”却成了“清气”。这又是为什么呢？用心比较，我们就不难发现：

△《四梅图》（部分） 宋·扬无咎

香气对应的自然是花，清气对应的不再是花，而是人；

香气是物质意义上的，清气则是精神意义上的；

香气是鼻子闻出来的，清气则是心灵品出来的；

香气人人得而闻之，清气则只有高洁之士方能品之；

香气留在表面上，清气流在骨子里。

我们不妨再想一想那些带“清”的成语：两袖清风、冰清玉洁、清闲自在、清幽旷远、清静无为……

王冕一生，所立所求的就是“只流清气满乾坤”的人生境界。

胸怀“清气”的境界，王冕不屑于效劳达官贵人，他在《素梅·四八》中这样写道：

疏花个个团冰雪，羌笛吹他不下来。

你看我画的墨梅，色彩像冰一样洁白，形状像玉一样圆润。不管羌笛如何吹奏，我的墨梅都不会凋谢飘零。羌笛吹奏，隐射元朝统治；冰花不落，比喻节操气节。我要像梅花一样独善其身，绝不与统治阶级同流合污。

胸怀“清气”的境界，王冕视梅花为“翩翩浊世之高士”，“有古君子之风”。他在《素梅·十九》中这样写道：

平生固守冰霜操，不与繁花一样情。

当百花凋零的时候，素梅不畏严寒独自绽放；当百花盛开的时候，素梅零落成泥心如冰霜。素梅的高洁寓意的正是人格的高洁。在王冕笔下，梅就是人，人就是梅，人与梅融为一体。

胸怀“清气”的境界，王冕不慕虚荣，不羡富贵，不与黑暗势力同流合污，以天下苍生为己任，像梅花一样传播春的消息。他在《素梅·五六》中这样写道：

忽然一夜清香发，散作乾坤万里春。

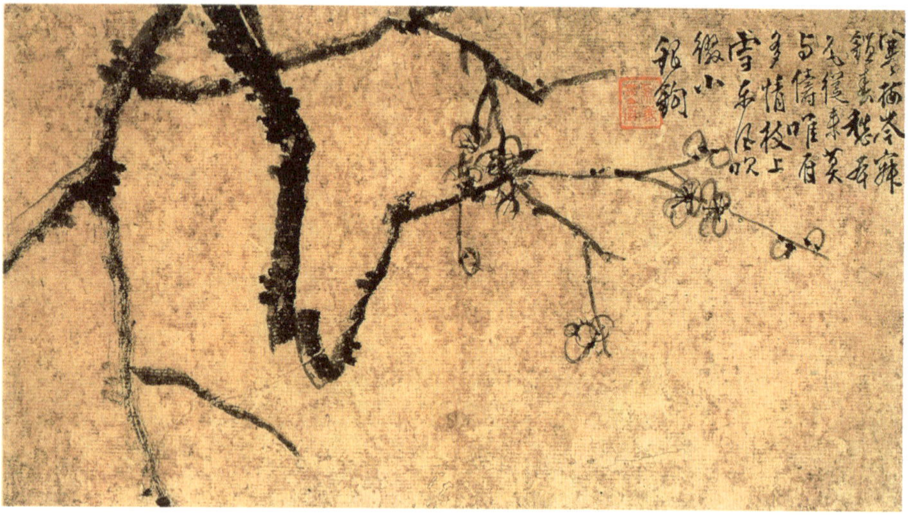

《墨梅图》　清·李方膺

这是一种多么辽阔的生命格局，多么高远的人生境界！这样的格局，对应的不是语文，而是人生；这样的境界，不是物质意义上的，而是精神意义上的。

王冕的梅花，不只是用口说出来、用手写出来，更是用心灵品出来的；王冕对“清气”的追求，不是人人得而有之，而是以天下为己任者方能有之。

无论语文怎么学，通过语文学做人永远是第一位的。

三

德国教育家斯普朗格说过：“教育的核心是人格心灵的唤醒。教育的最终目的不是传授已有的东西，而是要把人的创造力量诱导出来，将生命感、价值感唤醒。”

语文学习也是这样。我们平时学中国古典诗词，喜欢逐字逐句地解释，好像把诗词的每一个意思搞清楚了，学习也就完成了。其实，学习中国古典诗词，与其解释这些字词，不如唤醒这些字词；与其唤醒这些字词本身，不如唤醒这些字词背后的人格心灵。

明代的于谦写过一首诗，题目叫《石灰吟》：

千锤万凿出深山，
烈火焚烧若等闲。
粉骨碎身全不怕，
要留清白在人间。

凡是了解于谦生平事迹的人都知道，这首诗就是于谦人格心灵最典型的写照，也是于谦一生最传神的表现。可以说，这是“诗如其人，人如其诗”的一种极致表达。

写这首诗的时候，于谦还没有参加科举考试，算是一位少年白衣。那时，于谦和朋友一起在杭州的富阳山读书。有一天，他们散步到了石灰窑前，看到了石灰煅烧的整个过程。于谦有感于怀，遂吟诗一首。这就是《石灰吟》这首诗的来历。

整首诗句句写的是石灰，又句句写的不是石灰。

怎么看出整首诗句句所写都是石灰呢？

我们看诗的第一句，“千锤万凿出深山”，这是写石灰生产的第一个环节，通过铁锤钢钎的开凿敲打，将石灰岩从山中取出来；诗的第二句，“烈火焚烧若等闲”，这是写石灰生产的第二个环节，在石灰窑里用高温煅烧石灰岩，用来提纯石灰含量；诗的第三句，“粉骨碎身全不怕”，这是写石灰生产的第三个环节，为了便于使用，要将块状的石灰石研磨成细颗粒的石灰粉；诗的第四句，“要留清白在人间”，这是写石灰的最终形态，作为一种胶凝材料，石灰显出一色的纯白。

所以，这的的确确是一首吟石灰的诗。但是，我们又怎么看出整首诗句句所写都不是石灰呢？

我们看，如果是纯粹写石灰，那么，诗的第一句“出”这个字就无从着落。已经被千锤万凿的石灰岩，当然不能自己从深山里出来。一个“出”字，有一种自觉自愿、敢于担当的意味在其中。这哪是石灰该有的反应啊？

我们看，如果是纯粹写石灰，那么，诗的第二句“若等闲”三个字也无从着落。因为，石灰是没有生命、没有情感、没有思想、没有灵魂的事物。若等闲，就是把“烈火焚烧”这种经历看得平平常常，一点都无所谓。这哪是石灰的反应，这分明是人格的投射。

我们看，如果是纯粹写石灰，那么，诗的第三句“全不怕”这三个字同样无从着落。因为，对无生命、无感觉、无精神的石灰而言，根本不存在怕与不怕的问题。全不怕，只能是人的大无畏精神。

我们看，如果是纯粹写石灰，那么，诗的最后一句“要留清白在人间”更是无从着落。石灰不可能有意愿，不可能有志向，不可能有追求。“要留”所表达的，显然是一种意愿、一种志向、一种追求。就石灰而言，用白色形容其颜色是最为科学的，而这里用的偏偏不是“白色”而是“清白”。我们知道，清白跟颜色无关，跟品格有关。显然，这是一种人格心灵的写照。

这首诗既是少年于谦确立人生高远志向的写照——“要留清白在人间”，也是于谦一生为实现这个高远志向坚持不懈、百折不挠、坚韧不拔的形象展现。

于谦一生最大的功绩是北京保卫战。

1449年，明英宗亲自率兵与前来进犯的瓦剌军交战，结果，战败被俘，50万大军伤亡过半。那时，新君，自顾不暇；百官，群龙无首；敌人，虎视眈眈；山河，岌岌可危！

京城的大批富豪纷纷南逃，朝廷的部分高官力主南迁。那一天，大殿上，“南迁”的动议即将在文武百官可怕的沉默中通过！这时，临危受命的于谦厉声怒吼：“言南迁者，可斩也！”

我们不知道，什么力量使文质彬彬的于谦发出了这一声惊天动地的怒吼；也不知道，什么力量使他在短短的一月之内集结军队，鼓舞士气，重振朝纲，抵御外敌；更不知道，什么力量使于谦一定要把护城九门中最危险的位置留给自己。

透过历史的时空隧道，我们仿佛听到，于谦冷静地告诫守城将士：“大军开战之日，众将率军出城之后，立即关闭九门，有敢擅自放入城者，立斩！”

我们仿佛看到，当于谦率两万壮士出城时，城门缓缓紧闭，城中百姓泪眼婆娑。我们知道，那两万壮士中，有他们的儿子、他们的丈夫、他们的兄弟、他们的挚友。

我们仿佛感到，身披铠甲、仗剑立马的于谦，在心里默默地吟诵着他的《石灰吟》：

千锤万凿出深山，烈火焚烧若等闲。
粉骨碎身全不怕，要留清白在人间。

后来，于谦被奸臣诬陷。抄家时，作为朝廷重臣，于谦居然“家无余资”，令抄家者非常震惊。他们不得不收敛起一贯的骄横，恭敬而退。于谦“要留清白在人间”的崇高志向，又一次在世人面前得以印证。

据明史记载，被于谦救回来的明英宗，复位之后，不念于谦力挽狂澜的至伟奇功，以莫须有的罪名杀了他。

于谦被押赴刑场的时候，“阴霾翳天，京师妇孺，无不洒泣”。

我们仿佛又一次听到，踏上刑场的于谦，大义凛然地吟诵着他的《石灰吟》：

千锤万凿出深山，烈火焚烧若等闲。
粉骨碎身全不怕，要留清白在人间。

此刻，于谦坦然地闭上双眼。他已经无愧于自己，无愧于百姓，无愧于社稷，无愧于天地。但他又分明听到，身后的百姓们也在用一种低沉的声调吟诵着他的《石灰吟》：

千锤万凿出深山，烈火焚烧若等闲。
粉骨碎身全不怕，要留清白在人间。

那声音一开始是轻微的，带着些许对当权者的恐惧。然而，应和的人越来越多，声音也越来越大。最后，那声音穿越时空、穿越历史，在天地间久久回荡。

学语文，不能没有这样的感动，不能没有这样的体验，不能没有这样的人格心灵的唤醒。

于谦的《石灰吟》，每一个字都是一道光，照亮的不仅是那个历史语境中那个伟大的灵魂，而且是当代语境中每一个与之相遇的灵魂。我们因为《石灰吟》的唤醒，而让自己的人格心灵接受了一次庄严的洗礼、神圣的灌顶。

四

有的作品，是作家用头脑写成的；有的作品，是作家用心灵写成的；有的作品，是作家用整个生命写成的。王冕的《墨梅》、于谦的《石灰吟》，就是他们用自己的整个生命写成的。

因为是在生命深处产生的，所以时间无法蒸发这些伟大作品的清气，历史无法玷污这些伟大作品的清白。所以，真的经典永远活力四射、魅力无穷。

因为是通过自己的整个生命去确证自己的作品，所以，我们也应该投入自己的整个生命去诠释这些经典之作。

清代的郑板桥写过一首诗，题目叫《竹石》：

咬定青山不放松，
立根原在破岩中。
千磨万击还坚劲，
任尔东西南北风。

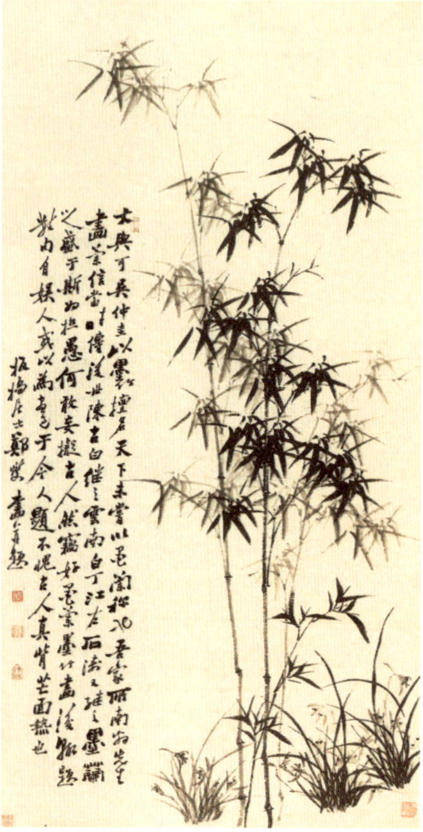

《兰竹图》　清·郑板桥

这同样是一首咏物诗，也同样是一首题画诗。郑板桥为什么要画竹石？为什么要题写这样一首竹石诗呢？我们可以从这样三个层次加以诠释。

第一个层次，“见竹是竹”。这是最为外显的一个层次。作为一种自然物象，竹子最大的特点，一如王国维所说：

> 竹之为物，草木中之有特操者与？群居而不倚，虚中而多节，可折而不可曲，凌寒暑而不渝其色。

王国维已经说得很清楚了，竹子在草丛木林之中，是有其特别之处的。第一，群居而不倚，就是众多竹子长在一起，但是互不相靠、各自独立；第二，虚中而多节，就是竹子内部是空虚的，但又是一节一节的，并非一空到底；第三，可折而不可曲，就是你可以直接折断竹子，但是不能让竹子弯曲，因为你一松手，竹子又恢复到直直的样子；第四，凌寒暑而不渝其色，就是无论春夏秋冬，无论严寒酷暑，竹子始终是绿色的。

而郑板桥这首诗，集中刻画的是竹子的第三个特点，可折而不可曲。用诗中的语言来形容，就是“坚劲”二字。无论东风南风西风北风，无论春风夏风秋风冬风，无论微风冷风飘风厉风，我自坚贞不屈。

这样一种坚劲的意象，来自对青山的咬定，来自对破岩的扎根。只有根系深深地扎入破岩之中，与整座青山相依相连，竹子才能表现出足够的坚劲。这是从自然之物的视角诠释竹子的形象。

第二个层次，“移情于竹”。就是诗人把自己的情感、意愿、人格心灵、生命境界投射到竹子身上，使竹子拟人化、人格化。进入这个层次，“竹”已经从其自然属性的表达中脱离出来，进入诗人的身心，成为诗人表情达意、高悬品格的象征。我们看郑板桥的这首咏竹的诗，其中所投射的诗人主观的思想情感色彩是非常明显的。你看“咬定”一词，抒写的就是一个主动的、拼命用力的形象。不仅写出了竹子紧紧附着青山的意志，更写出了竹子不畏艰辛、顽强生存的精神。你再看“任尔”一词，其时，竹子正在经受严峻的自然考验，千磨万击，千辛万苦，随时都面临着被拦腰折断的巨大风险，但是，“任尔”写出的是一种无所畏惧的胸襟，是一种百折不挠的毅力，是一种坚贞不屈的品格。

这已经不是纯粹的见竹是竹的自然之竹，而是融入了诗人自家精神的移情之竹。

第三个层次，“人与竹化”。这是画竹写竹的最高境界，在这种境界里，竹格就是人格，人格就是竹格。你很难分清哪一句写的是人，哪一句写的是竹。写竹的背后是一个鲜活人格的闪现，人格的特质全都融化在竹的意象中。一句话，竹就是人，人就是竹。

站在这个层次诠释这首诗，你会发现，诗中的每一句其实写的都是人格。虽然，隐藏在意象背后的那个灵魂并没有自己站到台前说话，但是塑造竹子、表现竹子的都是这个灵魂所为。

竹子的“咬定”，正是人格刚毅的表露；竹子的“立根”，正是人格顽强的生命力所致；竹子面临的“千磨万击”，正是人格直面的种种磨炼和挑战；竹子的“任尔东西南北风”，正是人格坚守气节、坚贞不屈的生动写照。

事实上，人与竹化，不仅仅表现在画竹写竹上，更表现在郑板桥的真实人生轨迹上。可以这样说，郑板桥是把自己心中的竹格活出来的典范。

郑板桥在山东潍县（今潍坊）做县令时，遇到灾荒之年，因开仓放粮，赈济穷人，被皇帝撤了职。于是，他写了一首诗，题目叫《予告归里，画竹别潍县绅士民》：

乌纱掷去不为官，
囊橐萧萧两袖寒。
写取一枝清瘦竹，
秋风江上作渔竿。

《风雨竹图》 元·顾安

郑板桥在潍县做了七年县令，辞官返乡的时候，却只有一囊书画、两袖清风。一枝清瘦竹，化作钓鱼竿，让我们联想到的是“青箬笠、绿蓑衣，斜风细雨不须归”的高洁与洒脱。诗中的“萧萧”也罢，“清瘦”也罢，“秋风”也罢，“寒江”也罢，无不是对心灵人格的真实写照。一肩明月，为生民而清瘦；两袖清风，因百姓才萧萧。

这就是人与竹化的生动诠释。

罢官之后，郑板桥雇了一条船，顺着京杭大运河回扬州老家。一天，见前面码头停着一条官船，桅杆上挂着一面旗子，上书“奉旨上任”四个大字。河上的大小民船见了，避之犹恐不及。

郑板桥心说：“你奉皇上旨意上任，有什么了不起？我也是奉皇上旨意被革职的，不都是‘奉旨’吗？你神气什么？”于是，郑板桥也用一块绸布写上“奉旨革职”四个大字，高高挂到了桅杆上。

那个“奉旨上任”者，原是奸臣之子，叫姚有财。他见了“奉旨革职”的旗子，觉得很奇怪。一打听，原来是郑板桥所为。他知道郑板桥的字画都是绝品，就厚着脸皮派人向郑板桥索要字画。郑板桥本想断然拒绝，但是听说姚有财这个人除了吃喝嫖赌、欺压百姓，别无所长，就灵机一动，写了一首诗送给他：

有钱难买竹一根，
财多不得绿花盆。
缺枝少叶没多笋，
德少休要充斯文。

《青影红心图》（局部） 元·赵雍

明眼人一看就知道，这是一首藏头诗。诗的每句开头一字，连起来读就是“有财缺德”。姚有财见了，当场就被气得昏了过去。

我们从郑板桥的这些咏物诗、题画诗中，能够非常生动地看到，在你得意的时候应该怎样生活，在你失意的时候又应该怎样生活；在你有权有势的时候应该怎样对待百姓，在你无权无势的时候应该怎么对待权贵。

这还是人与竹化的真实写照。

正是从学做人的高度，我们才能真正读懂、读活乃至读化每一首经典诗词，并使之不断滋养自己的心灵人格，从而让自己变得更高尚一些、更纯粹一些、更美好一些。

学语文，如果不能把学做人放在第一位，那么，语文学得再好，又有什么意义和价值呢？

像苏轼那样用语文成全自己

一

我们学语文的最终目的究竟是为了什么？

我们认识了三四千个汉字，掌握了两三万个词汇量，究竟是为了什么？

我们阅读了几百上千本书、积累了几千万字的阅读量，我们这样读，究竟是为了什么？

我们写话、练笔、创作，少则几万字，多则百万字，我们这样写，究竟是为了什么？

《苏东坡小像》 元·赵孟頫

也许，苏轼身上可能藏着这些问题的最终答案。

苏轼，北宋大文豪，是千千万万语文老师的最爱。

当然，这首先是因为他的才华。

在64年的人生中，苏轼给我们留下了2700多首诗、300多首词、4800多篇文章，总字数达120多万字。你看，他写文章，跟韩愈、柳宗元、欧阳修、王安石、曾巩、苏洵、苏辙一起，名列“唐宋八大家”，成为古文写作的典范；他写诗，跟黄庭坚并称“苏黄”，代表北宋的最高水准；他写词，跟辛弃疾并称“苏辛”，同样是北宋词坛的翘楚。

作家方方甚至这样夸他：

> 他的天才横溢一生：他一戏墨，就创立了中国文人画；他一写字，就有着惊世的书法流芳千年；他一好吃，就传出“东坡肉”“东坡饼”诸类佳肴；他一穿戴，就使“东坡帽”“东坡屐”民间长存；他一说笑，就让和尚成为名僧……如此等等，仿佛只要苏东坡稍一动弹，就会留下一道浓重的文化色彩。

他还懂工程，在徐州修筑大坝；还懂园林，在西湖修建苏堤。至于中医、建筑、哲学、律法、军事、美食等，他几乎无一不精、无所不通。

他是全才！他是天才！

但是，最令人折服的，还是他的人生境界。

苏轼一生，经历过三次大的贬谪，还有其他数不清的挫折与磨难。但是，他从来没有被这些“黑暗的力量”打倒。即便是在孤悬海外的儋州，他也依然笑面人生，苦中寻乐。

苏轼身上，有李白超凡脱俗的神仙气，有杜甫忧国忧民的忠义情，有白居易穷达融通的从容气派，有陶渊明人淡如菊的悠然情怀。但他不是他们其中的任何一位，也不是他们这些人的简单叠加。他是他自己。他的人格，既是先贤圣哲传承而来的结晶，又是对所有这一切的融合与超越。

正如林语堂先生对他的评价：“像苏东坡这样的人物，是人间不可无一难能有二的。”

苏轼晚年写词：“若问平生功业，黄州惠州儋州。”有人认为这是苏轼说的反话，想要表达的是对朝廷的不满。但是，我觉得，苏轼在这里讲的“功业”，根本不是世俗意义的功名利禄、荣华富贵；他讲的“功业”，是超越功利、超越分别的精神境界。

这境界，就写在他的另一首词上：“试问岭南应不好，却道，此心安处是吾乡。”

他在黄州、惠州和儋州，取得的最大功业，就是修好了自己这颗心，安顿了自己的灵魂。这才有他发自肺腑的自我写照：

> 吾上可陪玉皇大帝，下可陪卑田院乞儿。眼前见天下无一个不好人。

这样的人生，就是审美的人生，就是诗意的人生。

有人这样说，要问三千年来活得最精彩、最诗意的人，非苏轼莫属。

其实，我们学语文的最终目的也只有一个，那就是像苏轼那样成全自己的精彩人生、诗意人生。

二

我们知道，“乌台诗案”是苏轼人生的一个重大节点。

因为被御史弹劾，说他写的不少诗歌“愚弄朝廷，妄自尊大，讥谤新政，包藏祸心”，时年42岁的苏轼被关进御史台百余天，差点丢了性命。最终，苏轼被贬官黄州，任团练副使，还附加了两个条件：第一，不得签署公文，实权没有了；第二，不得擅离黄州，自由没有了。

在黄州期间，苏轼写了一篇非常简短的散文《记承天寺夜游》：

> 元丰六年十月十二日夜，解衣欲睡，月色入户，欣然起行。念无与为乐者，遂至承天寺寻张怀民。怀民亦未寝，相与步于中庭。庭下如积水空明，水中藻、荇交横，盖竹柏影也。何夜无月？何处无竹柏？但少闲人如吾两人者耳。

我曾经带着小学六年级的孩子学过这篇文章。

我问学生，这篇文章其实就写了这样一件事：苏轼去承天寺跟好友一起赏月。那么，你们还记不记得这件事发生的时间？

一个说，元丰六年十月十二日夜；

另一个说，元丰六年十月十二日夜；

又一个说，元丰六年十月十二日夜

……

看得出，每个学生都记得清清楚楚。

我说，可是，这天晚上，什么大事都没有发生啊！不就是月亮出来了吗？这有什么好大惊小怪的呢？又有什么好大书特书的呢？而且，我有理由相信，元丰六年十月十二日夜，月色一定不只是到过苏轼的家里，也一定到过千家万户。

《承天夜游图》 清·任伯年

学生听我这么一说，纷纷表示同意。

于是，我问第一个学生：元丰六年十月十二日夜，月色到过你家。但是，你是做官的，三品，官做得很大呀，又要处理大大小小的官司，又要应付各种各样的应酬，把你忙得焦头烂额。请问，你还记得月色到过你家吗？

那孩子一脸茫然地说：不记得了，我只记得那几场官司。

我又问第二个学生：元丰六年十月十二日夜，月色到过你家。而你呢，是做生意的。但是现在生意不好做啊，这不，前段时间你亏了好几百两银子。哎呀！把你急得跟热锅上的蚂蚁似的。请问，你还记得月色到过你家吗？

那孩子态度坚决地说：肯定不记得，我满脑子都是银子、银子、银子。

最后，我问第三个学生：元丰六年十月十二日夜，月色也到过你家。但是，你是一个读书人，寒窗苦读，整整十年，连个秀才还没考上。这不，马上又要开考了。你呢，正在背诵经书。你知道，这些是必考内容。你会背《论语》吗？比如，《论语》第一篇第一章——

那孩子就开始背起来：学而时习之，不亦说乎？有朋自远方来，不亦乐乎？人不知而不愠，不亦君子乎？

我说：背得还挺熟练的，看来这次科考有希望啊。请问，你还记得月色到过你家吗？

那孩子笑着说：早忘了，我只记得这些要背的经书。

这时，我郑重地说：孩子们，你们看，元丰六年十月十二日夜，当官的不记得月色，做生意的不记得月色，苦读书的不记得月色。但是，有一个人记得，记得清清楚楚，谁——

“苏轼”，学生异口同声地说。

课堂上的这个情境，真实还原了一般人对待生活、对待人生的态度——天下熙熙，皆为利来；天下攘攘，皆为利往。

而苏轼则以一种诗意的眼睛发现着生活的美、人生的美。他如此郑重、如此精致地记下了这个在普通人看来普通到不能再普通的月夜：

元丰六年十月十二日夜，解衣欲睡，月色入户，欣然起行。

我问学生，“月色入户”的“入”当什么讲？

有的说“照入”，有的说“映入”，有的说“射入”，有的说“洒入”。这时，一个孩子提出了不同看法。她觉得，这个“入”应该是“进入”，因为，月亮是苏轼的好朋友，在苏轼心中，月亮跟人是一样的。

这样说有没有根据呢？当然有。苏轼一生写了3000多首诗词。这其中，写到月的就有570多首，几乎占了他作品的五分之一。

你看，当他怀念弟弟苏辙的时候，这样写道：

人有悲欢离合，月有阴晴圆缺，此事古难全。

你看，当他思念去世十年的妻子时，这样写道：

料得年年肠断处，明月夜，短松冈。

你看，当他送别好友陈述古的时候，这样写道：

夜阑风静欲归时，惟有一江明月、碧琉璃。

《洞庭秋月图》 清·王愫

你看，当他缅怀历史英雄周瑜的时候，这样写道：

人生如梦，一尊还酹江月。

你看，当他想念曾经为官的杭州时，这样写道：

灯火钱塘三五夜，明月如霜，照见人如画。

苏轼对月亮实在是太熟了，苏轼对月亮简直就是情有独钟、一往情深。所以，在苏轼心中，月亮早已不是月亮了，月亮就是他的好友，月亮就是他的同伴，月亮就是他的知己。

知己不远万里从天上来到家里，能不欣然起行吗？与此同时，苏轼还想到另外一位知己，跟他一样贬官黄州的张怀民。于是，他马上到承天寺寻张怀民。果不其然，怀民跟他一样也没有睡觉。就这样，两人漫步中庭，像鱼儿一样优哉游哉，往中庭的东边走去，只见：

庭下如积水空明，水中藻、荇交横……

往中庭的西边走去，只见：

庭下如积水空明，水中藻、荇交横……

往中庭的南边走去，只见：

庭下如积水空明，水中藻、荇交横……

往中庭的北边走去，只见：

庭下如积水空明，水中藻、荇交横……

这是迄今为止，我们能读到的描写月色最精彩、最诗意的文字了。

一般人赏月，必然仰望天上，因为皓月当空、月在九天嘛；但是，苏轼赏月，偏偏看地上，看中庭。这不仅是一种物理空间的差异，更是一种心理空间的不同。

一般人赏月，即便赏的是中庭月色，你必定直说月色如何如何；但是，苏轼赏月，根本没有这种意识。你看，积水空明，藻、荇交横，无一字直接写月色，但又是字字写月色。洒落中庭的月色，是空灵的，又是明净的，其实是无色的。正因为月色无色，才会借竹柏之影来衬托无色的月色，这是一种背面敷粉的绝妙笔法。

但是，如果你觉得这只是一种写作技巧，为了显示自己笔法的高明与独特，那真是辜负了苏轼的一片诚意。事实上，正因为彼时苏轼心境澄澈，内心没有一丝杂念，看到月色洒落中庭，直觉给他的就是这样一种真切的体验：庭下如积水空明，水中藻、荇交横。

目遇神会的那个时刻，积水空明的感觉真真切切，藻荇交横的形象清清爽爽。我们必须说，这样写，首先不是一种技巧，而是一种心境。

这跟柳宗元《小石潭记》所写如出一辙：

> 潭中鱼可百许头，皆若空游无所依，日光下澈，影布石上。

《渔藻图》（局部）　明·王翘

作家刘燕敏在《桂花为什么不香》一文中这样写道：任职8年的韩国前总统全斗焕，卸职后住在寺庙的一间小禅堂里，觉得庙里的夜来香非常香。他就跟庙里的住持说：“过去我家也有一盆夜来香，可是，白天从没有闻到过香味。”住持告诉他：“夜来香其实白天也很香，人们之所以闻不到，是因为白天心太躁了。”

心一躁，万物归于寂灭。心一定，万物皆备于我。林语堂先生说：“若要打算写出宁静欣悦，必须先有宁静欣悦的心境。”

苏轼心境空明，纤毫不染，才会有“庭下如积水空明，水中藻、荇交横”的神来之笔。正所谓“万物静观皆自得，四时佳兴与人同”。

难怪，苏轼在结尾的这一声轻轻感慨，“何夜无月？何处无竹柏？但少闲人如吾两人者耳”，无疑会重重敲击每一位与其相遇的读者。

没有闲人，哪来月色？没有闲人，哪来藻荇？没有闲人，哪来风景？没有闲人，哪来天地的大美啊！

不得不说，苏轼不仅用生命发现了天地的诗意和大美，也用文字重新确证了天地的诗意和大美。

我们说，这样的人生就是审美的人生，就是诗意的人生。

学习还没有结束。到了最后，我为学生揭示了“乌台诗案”这个背景。我问学生，一般人经历“乌台诗案”，会是一种怎样的心情和态度？

有的说，会很郁闷；

有的说，会为自己感到委屈和不平；

有的说，会很孤独，因为谁也不敢跟自己交往了；

有的说，会很痛苦；

有的说，会消沉，甚至会自暴自弃；

……

但是，当学生重读苏轼的《记承天寺夜游》，强烈的反差就出现了。因为，在苏轼的文字背后，他们根本就没有感受到郁闷、委屈、不平、孤独、痛苦、消沉。

我试着让学生把自己想象成苏轼，走进苏轼的内心世界，用心去感受苏轼的内心活动。

一个孩子是这样写的：

此刻，我的心中一片平和。我苏轼从以前的朝廷大官被贬到黄州任团练副使，我不得签署公文，也就是给我一个面子，让我做一个有职无权的闲官。我苏轼虽然没有像王勃一样有豪情壮志，写出千古名句“落霞与孤鹜齐飞，秋水共长天一色”；也没有像欧阳修一样写出“环滁皆山也，其西南诸峰，林壑尤美”。但是，我苏轼什么大风大浪没有见过，我早已看透了世间的本真。我被关押了一百多天，被嘲笑，被凌辱，我的内心已经破碎不堪。只有经历了破碎不堪之后，我才平和下来。明月呀，明月！你多么像是天上的另一个我呀！你就像是我的心，纯粹，透明，不再抱怨。

一个孩子是这样写的：

此刻，我的心中一片自在。我只是好奇，如此美景，竟只有我与怀民二人赏识。他人怎不相知？世间如我与怀民二人相似的闲人甚是稀少。我愿以诚示天，让这嘈杂的世间少几分敌意，多一分祥和。我并不会因为被贬官到黄州而感到愤愤不平，我会以随遇而安、乐观旷达的胸襟来面对生活，用眼睛发现美，感受生活中的美好！

一个孩子是这样写的：

此刻，我的心中一片从容。我只是写了一封《湖州谢上表》，怎么就落入了这般难堪的境地。唉，但是天上有知己——月亮，地上也有知己——张怀民。我和张怀民已经看穿了人生，我们淡泊名利，内心怡然自得，我的人生要像李白写的那样："人生得意须尽欢，莫使金樽空对月。"不能浪费光阴，诉说命运的不公，要活在当下，珍惜生活。

从这些孩子的想象写话中，我们不难发现，真正的大美不仅在天地，还在自己的内心世界；真正的诗意不仅在风月，还在自己的精神境界。

三

那么，我们应该怎样像苏轼那样用语文成全自己呢？

苏轼出身书香门第。父亲苏洵，二十七岁开始发奋读书，专心创作，后来也成了"唐宋八大家"之一。母亲程氏，是一位很有教养的妇女，是苏轼的启蒙老师。在家庭的熏陶下，苏轼自幼敏而好学，博闻强记。七岁知书，十岁作文，常常受到亲友的夸赞。

在夸赞声中，少年苏轼变得骄傲起来。他想，自家藏书从先秦诸子，到汉代诗赋、唐代散文，我全都读了，可以称得上"才高八斗，学富五车"了。于是，他就自己写了一副对联，贴在书房门口：

识遍天下字，读尽人间书。

说来也巧，过了几天，一位白发苍苍的老人，上门向苏轼求教。老人拿出一本古书请苏轼诵读。苏轼翻开一看，别说从未读过，就是连书上的字还有许多不认识。苏轼脸涨得通红，羞愧满面。他这才意识到，人外有人，天外有天。自己距离“识遍天下字，读尽人间书”还差得很远很远。老人走后，苏轼暗下决心，从头学起。那么，这副夸下海口的对联怎么办呢？只见苏轼提笔一改，于是，对联就变成了这样：

发愤识遍天下字，立志读尽人间书。

从此，苏轼更加发奋，博览群书。苏轼究竟读了多少书，恐怕连他自己都说不清楚。我们可以从他所写的诗词中窥斑见豹、以一知万。

苏轼写诗词，爱用典故，而且往往用得恰到好处、相得益彰。典故从哪里来呢？当然来自他的博览群书、学富五车。

他有一首诗叫《西塞风雨》：

斜风细雨到来时，
我本无家何处归。
仰看云天真蒻笠，
旋收江海入蓑衣。

《垂钓图》　明·沈周

你想，如果苏轼没有熟读唐代诗人张志和的《渔歌子》："西塞山前白鹭飞，桃花流水鳜鱼肥。青箬笠，绿蓑衣，斜风细雨不须归。"他能写出这种境界的诗来吗？

苏轼有一首词叫《瑞鹧鸪》，上阕是这样写的：

城头月落尚啼乌。朱舰红船早满湖。鼓吹未容迎五马，水云先已漾双凫。

你想，如果苏轼没有熟读唐代诗人张继的《枫桥夜泊》："月落乌啼霜满天，江枫渔火对愁眠。姑苏城外寒山寺，夜半钟声到客船。"他能如此娴熟地化用"月落乌啼"的诗意吗？

我们再来看一首更绝的。苏轼新婚不久写过一首词，叫《南乡子·寒玉细凝肤》：

寒玉细凝肤。清歌一曲倒金壶。冶叶倡条遍相识，争如。豆蔻花梢二月初。　　年少即须臾。芳时偷得醉工夫。罗帐细垂银烛背，欢娱。豁得平生俊气无。

这首词的上阕，写自己新婚妻子王弗的美貌；下阕写自己难忘新婚之夜的欢乐生活。

有专家研究，这首仅为56个字的词作，竟然一口气连用了8个典故，而这么多的典故仿佛是信手拈来，又用得浑然一体、不露痕迹。

第一处，“寒玉细凝肤”，典故来自唐代诗人吴融的《即席十韵》：

住处方窥宋，平生未嫁卢。
暖金轻铸骨，寒玉细凝肤。

第二处，“清歌一曲倒金壶”，典故来自唐代诗人郑谷的《席上贻歌者》：

花月楼台近九衢，清歌一曲倒金壶。
座中亦有江南客，莫向春风唱鹧鸪。

第三处，“冶叶倡条遍相识”，典故来自唐代诗人李商隐《燕台四首》之一：

风光冉冉东西陌，几日娇魂寻不得。
蜜房羽客类芳心，冶叶倡条遍相识。

第四处，“豆蔻花梢二月初”，典故来自唐代诗人杜牧《赠别》之一：

娉娉袅袅十三余，豆蔻梢头二月初。
春风十里扬州路，卷上珠帘总不如。

第五处，“年少即须臾”，典故来自唐代诗人白居易《短歌行》：

劝君且强笑一面，劝君复强饮一杯。
人生不得长欢乐，年少须臾老到来。

第六处，“芳时偷得醉工夫”，典故来自唐代诗人杜光庭《招友人游春》：

难把长绳系日乌，芳时偷取醉功夫。
任堆金壁磨星斗，买得花枝不老无。

第七处，“罗帐细垂银烛背”，典故来自唐代诗人韩偓《闻雨》：

香侵蔽膝夜寒轻，闻雨伤春梦不成。
罗帐四垂红烛背，玉钗敲著枕函声。

第八处，“豁得平生俊气无”，典故来自唐代诗人杜牧《寄杜子》之一：

不识长杨事北胡，且教红袖醉来扶。
狂风烈焰虽千尺，豁得平生俊气无。

试想，如果这些诗书苏轼没有读得滚瓜烂熟，“其言皆若出于吾之口，其义皆若出于吾之心”，那么，他能如此自然、又如此巧妙地写出这样的词吗？

有人对苏轼的词做过数据分析，发现他的全部词作一共用了798

个典故，涉及283首词，占了苏轼总词数的86%。而其中用到的典故，经史子集，包罗万象，精彩纷呈。

这只能说明，苏轼是一位真正的终身阅读者，他读的书实在太多了，他读的书实在太熟了，用他自己的诗来形容，这才叫“腹有诗书气自华”。

用语文成全自己，首先应该像苏轼那样成为一名真正的终身阅读者。

四

苏轼的诗意人生，更体现在他的终身写作中。

林语堂先生特意为苏轼写过一部书，而且是用英文写的，向全世界介绍苏轼的诗意人生，书名叫《苏东坡传》。

他在书中写道，苏轼的精神为什么会在他的心中留下如此清晰的印记呢？原因是两个：

第一，苏轼本人才气纵横，遍布在作品的字里行间。为此，他打了个比方，就像他见过的苏轼画的《墨竹图》一样，墨迹灿然，好像一个小时前才刚刚画好。

第二，记载苏轼一生的资料，非常完整。这些资料包括，记载苏轼政治生涯的史籍，苏轼本人创作的大量诗词、散文、杂记、信函等，与苏轼同时代的人写的有关苏轼的传记、随笔等。

简单地说，如果没了苏轼写的作品，没了写苏轼的作品，苏轼的精神就不可能清晰地留在林语堂的心中，他自然也写不出《苏东坡传》。

我的一位朋友说，苏轼在她心中的形象，是由他的文字堆积起来的。

苏轼一生，在宦海中跌宕起伏，先后做过大理评事、签书凤翔府判官、杭州通判、密州太守、徐州太守、湖州太守、黄州团练副使、登州太守、中书舍人、杭州太守、颍州太守、扬州太守、兵部尚书、礼部尚书、定州太守等。可以说，他的官职和身份一直在变。

但是，苏轼终身不变的有两个身份：第一个身份，终身阅读者；第二个身份，终身写作者。

虽然，写作给苏轼惹了麻烦，甚至招来杀身之祸，但是，乌台诗案之后，苏轼前脚刚跨出监狱，“出门旋觉风吹面”，心中马上“试拈诗笔已如神”。要他不做官可以，要他不写作那才真是要了他的命。而且，苏轼的许多瑰丽诗篇、千古佳作，正是在一路贬官中诞生的。可见，在仕途与写作之间、在官宦人生与诗意人生之间，后者才是苏轼生命的灵魂、精神的家园。

无论为官还是居家，苏轼总是笔耕不辍。他用文字记载自己的人生、思考自己的人生、成全自己的人生。

苏轼在杭州做通判的时候，审理过一起杀人案件。

当时，有个法号叫了然的和尚，迷上了一个名叫秀奴的歌妓。这个和尚经常去青楼与秀奴相会，结果，钱财用尽，衣衫褴褛，秀奴就不肯见他了。有一天，和尚喝醉了酒，又去找秀奴，吃了闭门羹，盛怒之下，闯进去杀了秀奴。

这起杀人案，事实清楚，证据确凿，和尚被判了死刑。苏轼在审案中发现一个细节，了然的胳膊上刺着一副对联：但愿同生极乐国，免教今世苦相思。

于是，苏轼给这起案件写了这样的判词——调寄《踏莎行》：

> 这个秃奴，修行忒煞。云山顶上空持戒。一从迷恋玉楼人，鹑衣百结浑无奈。　　毒手伤人，花容粉碎。空空色色今何在。臂间刺道苦相思，这回还了相思债。

对苏轼而言，世间无事无物不可入词。为官如此，居家更是如此。

苏轼写过一首非常著名的词，叫《定风波·莫听穿林打叶声》：

> 莫听穿林打叶声，何妨吟啸且徐行。竹杖芒鞋轻胜马，谁怕？一蓑烟雨任平生。　　料峭春风吹酒醒，微冷，山头斜照却相迎。回首向来萧瑟处，归去，也无风雨也无晴。

我非常喜欢这首词。不少人以为这首词是苏轼刻意为之。其实不然，在这首词前，苏轼专门写了一段小记：

> 三月七日，沙湖道中遇雨。雨具先去，同行皆狼狈，余独不觉。已而遂晴，故作此词。

什么意思？苏轼告诉我们，三月七日，自己在沙湖道赶上了下雨，拿雨具的仆人先前就走了，同行的人都觉得很狼狈，只有我不这么觉得。过了一会儿，天晴了，就写了这首词。

这是一段再平常不过的生活，谁的人生不曾遇上过淋雨的经历呢？但是，苏轼用他的文字、用他的抒写将这段平平常常的日子沉淀下来，用他的性灵化解淋雨的狼狈，并升华为一种生命的境界。

我们说，正是这样一首又一首或豪放或婉约的诗词，正是这样一篇又一篇或雄浑或冲淡的文章，记载并成全了苏轼的审美人生、诗意人生。

苏轼一生的抒写，以爱为宗旨，以美为追求，以善为伦理，以真为风骨，以超越为方式，以信仰为源泉，以性灵为动力，以自由为境界，成为我们这个民族和全人类万古不朽的宝藏。

爱上语文，让我们像苏轼那样，用语文成全自己，创作自己生命的不朽。

语文学习的三重境界

一

王国维在《人间词话》中这样说过：

> 古今之成大事业、大学问者，必经过三种之境界："昨夜西风凋碧树。独上高楼，望尽天涯路。"此第一境也。"衣带渐宽终不悔，为伊消得人憔悴。"此第二境也。"众里寻他千百度。蓦然回首，那人却在，灯火阑珊处。"此第三境也。

按照语境，王国维是立足成就大事业、大学问的高度来建立"三种境界"说的。严格说来，三种境界不是并列关系，而是递进关系。

因此，与其说是“三种境界”，不如说是“三重境界”，层层向上、节节递进。

第一重境界，“昨夜西风凋碧树。独上高楼，望尽天涯路”。这一句出自晏殊的《蝶恋花》：

槛菊愁烟兰泣露。罗幕轻寒，燕子双飞去。明月不谙离恨苦，斜光到晓穿朱户。　　昨夜西风凋碧树。独上高楼，望尽天涯路。欲寄彩笺兼尺素，山长水阔知何处。

《落霞孤鹜图》　明·唐寅

这首词写的是深秋时节，闺妇在自家楼上思念远方的爱人。上片写道：清晨栏杆外的菊花笼罩着一层愁惨的烟雾，兰花沾露似乎是饮泣的露珠。罗幕之间透露着缕缕轻寒，一双燕子飞去。明月不明白离别之苦，斜斜的银辉直到破晓还穿入朱户。

下片写道：昨天夜里西风惨烈，凋零了绿树。我独自登上高楼，望尽那消失在天涯的道路。想给我的心上人寄一封信，但是高山连绵，碧水无尽，又不知道我的心上人在何处。

当然，王国维在这里是借用，是活用，用来表达成就大事业、大学问的第一重境界，跟词意本身已经关系不大了。这第一重境界，是说确立高远志向的重要性，只有登上“高楼”，才能“望尽天涯路”。所谓志当存高远，讲的就是这个道理。

第二重境界，“衣带渐宽终不悔，为伊消得人憔悴”。这一句出自柳永的《蝶恋花》：

伫倚危楼风细细。望极春愁，黯黯生天际。草色烟光残照里，无言谁会凭阑意。　　拟把疏狂图一醉。对酒当歌，强乐还无味。衣带渐宽终不悔，为伊消得人憔悴。

“衣带渐宽终不悔，为伊消得人憔悴”这一句，原本写的也是对心上人的思念，形销骨立、容颜憔悴，我也心甘情愿、无怨无悔。王国维在这里依然还是活用了这句词，用来表达事业和学问的第二重境界。这重境界，表现的是在追求高远志向的过程中，需要一种持之以恒的执着和毅力。衣带渐宽，无怨无悔；形容憔悴，不离不弃。

第三重境界，“众里寻他千百度。蓦然回首，那人却在，灯火阑珊处”。这一句出自辛弃疾的《青玉案·元夕》：

东风夜放花千树。更吹落、星如雨。宝马雕车香满路。凤箫声动，玉壶光转，一夜鱼龙舞。　　蛾儿雪柳黄金缕。笑语盈盈暗香去。众里寻他千百度。蓦然回首，那人却在，灯火阑珊处。

《清明上河图》（局部）　宋·张择端

上片极力渲染元宵灯节灯火辉煌、车水马龙的繁华热闹。下片是一个特写镜头，如云的游女，穿着入时，浓妆艳抹，笑语盈盈，衣香飘散。尽管美女如云，但这并非是自己属意的女子，正在他寻来觅去却不见美人的芳踪时，忽然回首，发现她正在灯火稀疏的地方。

王国维活用词的最后两句，旨在表达事业学问的第三重境界。这重境界，乃是实现高远志向的最终境界。“众里寻他千百度”，照应第二重境界，这个“他”不再指向任何一个具体的人，而是指代第一重境界所确立的“高远志向”。众里寻他千百度，衣带渐宽终不悔；众里寻他千百度，为伊消得人憔悴。于是，不经意间，你看见了“他”，你找到了“他”，你成就了“他”。如果说，“衣带渐宽”“为伊憔悴”需要量的累积，是一个量变的过程、渐变的过程，那么，“蓦然回首”“那人却在”则是质的转化，是一个质变的过程、突变的过程。因此，表现在事业上，往往是“踏破铁鞋无觅处，得来全不费工夫”；表现在学问上，往往是“山重水复疑无路，柳暗花明又一村”。

其实，王国维讲的这三重境界，同样适合于学语文。

二

《红楼梦》第四十八回“滥情人情误思游艺　慕雅女雅集苦吟诗”，其中就有一半左右的篇幅写到了香菱学诗。我们细读香菱学诗，就会惊讶地发现，香菱学诗的整个过程，与王国维的三重境界可谓不谋而合。

我们先说第一重境界：“昨夜西风凋碧树。独上高楼，望尽天涯路。”

这一重境界的关键在于立志。孔子说：

三军可夺帅也，匹夫不可夺志也。

这是讲志向对于人的重要意义。如果说，三军的灵魂是主帅，那么，个人的灵魂就是志向。但是，作为三军灵魂的主帅还是可以改变，而作为个人灵魂的志向，则不容改变。夺志就是夺魂，灵魂一旦丧失，人就成了行尸走肉。

明代大儒王阳明说：

志不立，天下无可成之事。

要成就一番事业，从哪里开始呢？从立志开始。正是志向，决定了人生的方向，提供了成长的动力。

王阳明11岁的时候，在私塾读书。有一天，他一本正经地问老师："何谓第一等事？"这相当于是在问，人生的终极价值是什么？他的老师吃了一惊，因为从来没有学生问过他这样的问题。但他还是很快回答："当然是读书做大官啊！"王阳明严肃地看着老师说："我认为不是这样。"顿了顿，他一脸郑重地继续说道："我认为第一等事应是读书做圣贤。"

所以，独上高楼，望尽天涯路，你所要确立的志向还不是一般的志向，你要立的是像王阳明一样的大志、远志、鸿鹄之志。

《聊斋志异》的作者蒲松龄多次参加科举考试，但每次都名落孙山。对此，他既没有怨天尤人，更没有自暴自弃，而是毅然放弃科举考试，选择著书立说。为了激励自己发奋写作，他在镇尺上刻了这样一副对联：

有志者，事竟成，破釜沉舟，百二秦关终属楚；

苦心人，天不负，卧薪尝胆，三千越甲可吞吴。

由此可见，确立高远志向是多么重要。

《红楼梦》写香菱学诗，首先写到的就是香菱学诗的志向。我们从小说的叙事中，就能发现香菱的志向与众不同。

《红楼梦·作诗图》 清·孙温

第一，香菱学诗的志向具有主动性。香菱是主动找黛玉学诗的，没有任何人强迫她必须学诗，完全出于自愿。

第二，香菱学诗的志向具有持续性。香菱在没有跟黛玉学诗之前，早已经在自学作诗了。你看，她对黛玉这样说：

怪道我常弄一本旧诗偷空儿看一两首，又有对的极工的，又有不对的，又听见说“一三五不论，二四六分明”。看古人的诗上亦有顺的，亦有二四六上错了的，所以天天疑惑。

俗话说，无志之人常立志，有志之人立长志。什么意思呢？无志之人，一天一个志向，朝三暮四、朝秦暮楚，老是变来变去的；有志之人，一旦确立志向，就持之以恒、猛志常在，再也不会轻易改变。香菱爱诗，绝非心血来潮、一时冲动。你看，她是“偷空儿”看旧诗，说明她是真心喜欢作诗。人家偷空做什么呢？听听戏、打打牌、串串门、聊聊天，而香菱呢，却是一旦得闲就偷偷学诗。

不仅如此，香菱看旧诗，不是蜻蜓点水、浮光掠影式地看，而是天天疑惑、时时琢磨，完全投入在诗的世界中。

第三，香菱学诗的志向具有累积性。香菱不光看旧诗，而且还能熟读精思、烂熟于心。你看，她对陆游的诗竟然能脱口而出：

我只爱陆放翁的诗“重帘不卷留香久，古砚微凹聚墨多”，说的真有趣！

虽然，学陆游的诗马上被黛玉否定了。因为，一旦入了这种浅近的格局，以后作诗就再也出不来了。但是，我们不能因此否定香菱积累的功夫，这不是一朝一夕能成就的，这是长期坚持的结果。

第四，香菱学诗的志向具有高远性。香菱学诗，由于之前无人教诲，难免走过一些弯路。但是，在黛玉的指点下，她终于确立了高远的志向。黛玉告诉她：

你若真心要学，我这里有《王摩诘全集》，你且把他的五言律读一百首，细心揣摩透熟了，然后再读一二百首老杜的七言律，次再李青莲的七言绝句读一二百首。肚子

> 里先有了这三个人作了底子，然后再把陶渊明、应玚、谢、阮、庾、鲍等人的一看。你又是一个极聪敏伶俐的人，不用一年的工夫，不愁不是诗翁了！

黛玉为什么要香菱在学诗之前大量阅读王维、杜甫和李白的诗呢？这个问题，其实严羽在《沧浪诗话》中已经讲得非常清楚了：

> 夫学诗者以识为主：入门须正，立志须高。以汉、魏、晋、盛唐为师，不作开元、天宝以下人物。若自退屈，即有下劣诗魔入其肺腑之间，由立志之不高也。

学诗，见识非常重要，可以说是第一位的。见识正，方向就正，歪不了；见识高，志向就高，低不了。正所谓取法乎上，仅得其中；取法于中，故为其下。用严羽的话来说，如果学的只是二三流的作品，那么，下等低劣的诗魔就会入侵你的肺腑，你是再也学不好了。

黛玉要香菱读的诗，无疑是品质最高的诗。

要学的第一位诗人王维，号称“诗佛”，最擅长五律。他的诗以诗中有画为中心，辅之以意象的直观涌现、对自然景物的澄心体悟及平淡清丽的诗风，构成了地道的中国特色的抒情方式。学他的五律，入门就正了。

要学的第二位诗人杜甫，号称“诗圣”，最擅长七律。他的诗从立意上看，胸怀宇宙，气象阔大；从风格上看，融汇古今，博采众长；从手法上看，错综任意，法门无数。学他的七律，起点极高，而且往往受用无穷。

要学的第三位诗人李白，号称“诗仙”。他的七绝借七言歌行体入诗，一气流贯，飘逸奔放，将法度化于无痕，有“清水出芙蓉，天然去雕饰”之美。学他的七绝，既是难度最大的，也体现了诗的化境。

可以说，香菱学诗的志向，正是在黛玉的指点下，才真正迈入了“独上高楼，望尽天涯路”的境界。

我们学语文，学如何读书，学如何写文章，到底是为了什么？

为了语文考试拿个高分吗？这当然也是志向，比起那些不想拿高分的人来说，有志向总比没有志向好。但是，这样的志向算不算得上“独上高楼，望尽天涯路”呢？

为了出口成章、能说会道，下笔成文、妙语连珠吗？这当然也是志向，相对而言，这志向比起纯粹是为了拿高分还稍稍高了一点、远了一点。但是，这样的志向算不算得上“独上高楼，望尽天涯路”呢？

为了将来能够谋到一份好的职业、能够出人头地、能够过上一种体面的生活吗？这当然也是志向，这志向至少跟自己未来的人生联系起来，望得确实更高了些、更远了些。

但是，“独上高楼”意味着一种常人难以理解的孤独，这样的志向往往不为多数人所追求；“望尽天涯路”意味着一种更远的远方，这样的志向往往指向人生的终极意义和关怀。

就像香菱学诗，跟功利无关、跟名望无关、跟荣华富贵锦衣玉食无关，她只为了一种审美的生存、一种诗意的人生。

三

接着说第二重境界：“衣带渐宽终不悔，为伊消得人憔悴。”

这一重境界的关键在于坚持、坚韧与坚毅。荀子说：

锲而舍之，朽木不折；锲而不舍，金石可镂。

这是讲持之以恒的作用和意义。再高远的志向，三天打鱼，两天晒网，最后也只有落空的份儿。

唐代诗人王勃说：

老当益壮，宁移白首之心；穷且益坚，不坠青云之志。

坚持难在哪儿？难在迷茫的时候，难在遭遇挫折的时候，难在泰山崩于前、麋鹿兴于左的时候。

我们看香菱学诗，完全应了那句“书山有路勤为径，学海无涯苦作舟”的古训。立志一旦高远，接下去就是一心一意的笃行、不离不弃的践行、脚踏实地的履行。在这重境界里，香菱学诗具有这样三个特点：

第一个特点，就是“勤”。

天道酬勤，业精于勤；勤学苦练，勤能补拙。正所谓，一日之计在于晨，一年之计在于春，一生之计在于勤。没有勤奋的意志，没有勤勉的毅力，成功只是一个永远无法实现的梦想。

我们看《红楼梦》里对香菱学诗的描写：

香菱拿了诗，回至蘅芜苑中，诸事不顾，只向灯下一首一首的读起来。宝钗连催他数次睡觉，他也不睡。

你看，香菱学诗，已经到了废寝忘食的程度。

第二个特点，就是“专”。

勤而不专，往往白费心力。所谓伤其十指，不如断其一指，因为专注才能使人凝聚起强大的力量。我们知道，一个人的精力是有限的，只有专注，才能使人调动一切可以调动的因素，集中所有的精力和思想，最终成就“滴水穿石”的奇迹。所以，杨时说：“君子之学贵一，一则明，明则有功。”王安石说：“人之才，成于专而毁于杂。”

我们看《红楼梦》里对香菱学诗的描写：

> 因见他姊妹们说笑，便自己走至阶前竹下闲步，挖心搜胆，耳不旁听，目不别视。一时探春隔窗笑说道：“菱姑娘，你闲闲罢。”香菱怔怔答道：“‘闲’字是十五删的，你错了韵了。”众人听了，不觉大笑起来。

香菱专注到了什么程度呢？曹雪芹写的是八个字：耳不旁听，目不别视。香菱之所以能耳不旁听，目不别视，核心在于她心无旁骛、心无二用。何以见得她心无旁骛、心无二用呢？

你看，探春说，菱姑娘，你闲闲罢。意思是叫香菱歇一歇、放松放松。香菱呢，竟然怔怔地说，“闲”是十五删的，你错了韵了。我们知道，作诗要押韵，关于押韵有一部常用的工具书叫《佩文诗韵》。在《佩文诗韵》的平声韵中，就有“十五删”，香菱说的这个“闲”字，就属于“十五删”。但是，我们都知道，探春叫香菱闲闲罢，跟作诗押韵没有任何关系。香菱之所以这样说，就是因为那一刻她的心思全都在作诗这件事上。

第三个特点，就是“韧”。

专而不韧，往往功亏一篑。在专注的过程中，一定会遇到各种困境、各种挫折、各种磨难。一帆风顺、一蹴而就的大事业、大学问是不存在的。你越是专注，你遇到的困境、挫折和磨难就越是深重。

香菱在学诗的过程中，遭遇的第一个挫折，就是她写的第一首关于“月”的诗。诗是这样写的：

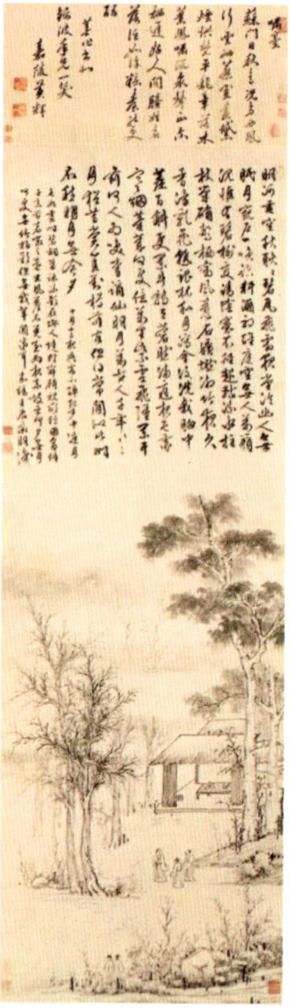

月挂中天夜色寒，
清光皎皎影团团。
诗人助兴常思玩，
野客添愁不忍观。

翡翠楼边悬玉镜，
珍珠帘外挂冰盘。
良宵何用烧银烛，
晴彩辉煌映画栏。

《中庭步月图》 明·文徵明

黛玉说香菱的这首诗措辞不雅。为什么这么说呢？

这首诗的内容，虽然写的是“月”，但是立意实在太过肤浅。她头脑里总是被月亮的表面现象所束缚，翻来覆去写的都是月亮的“圆”与月光的“亮”。

你看诗的首联，“清光皎皎”写月色的明亮，“影团团”写月影的圆满。诗的颈联，“玉镜”也好，“冰盘”也好，写的还是月色明亮、月影圆满。诗的尾联，“何用烧银烛”“辉煌映画栏”，也是在不厌其烦地写月色明亮。虽然颔联写到了诗人、野客，却只是泛泛抒情，并没有融入自己的真切感受，更谈不上情景交融。所以，诗的意境太过直白，诗的意蕴太过浅露。

虽然，这首诗挨批了，但是，我们看香菱的表现：

> 香菱听了，默默的回来，越性连房也不入，只在池边树下，或坐在山石上出神，或蹲在地下抠土，来往的人都诧异。李纨、宝钗、探春、宝玉等听得此信，都远远的站在山坡上瞧看他。只见他皱一回眉，又自己含笑一回。

香菱丝毫没有气馁。出神也罢，抠土也罢，皱一回眉也罢，含笑一回也罢，总之，她依然沉浸其间、锲而不舍。

在黛玉的鼓励下，香菱终于写出了第二首咏月诗：

> 非银非水映窗寒，试看晴空护玉盘。
> 淡淡梅花香欲染，丝丝柳带露初干。
> 只疑残粉涂金砌，恍若轻霜抹玉栏。
> 梦醒西楼人迹绝，余容犹可隔帘看。

这第二首诗，在作诗的技巧上确实有了进步。比如，她用“梅香”“柳露”“残粉”“轻霜”之类的事物烘托月色之美，想努力克服第一首诗中思路老是被月亮本身所束缚的毛病。

但是，这首诗显然又跑题了，用宝钗的话来说，“不像吟月了，月字底下添一个‘色’字倒还使得，你看句句倒是月色”。我们知道，律诗创作第一要紧的是切题。题切，则意正；意正，则境高。以“月”为题和以“月色”为题，在题材和立意上是有区别的。香菱的这首诗，几乎每一句写的都是月色，只有面的拓宽，没有点的深入；只有量的堆砌，没有质的提升。而且，比喻显得生拉硬扯，用词过于穿凿

《踏雪寻梅图》 明·戴进

附会。总体上看，这首诗以辞害意，缺少高远的韵致。

尽管这一次又失败了，但香菱不放弃、不气馁。白天，殚精竭虑、呕心沥血；晚上，聚精会神、心无旁骛。旁人都说她着了诗魔。

为了学诗，香菱衣带渐宽、无怨无悔；为了写出好诗，香菱形容憔悴、心甘情愿。

爱迪生说过：“无论什么时候，不管遇到什么情况，我绝不允许自己有一点点灰心丧气。”伏尔泰说过：“要在这个世界上获得成功，就必须坚持到底，至死都不能放手。”黄檗禅师说过：“不是一番寒彻骨，争得梅花扑鼻香。”更有孟子说过：“天将降大任于是人也，必先苦其心志，劳其筋骨，饿其体肤，空乏其身，行拂乱其所为，所以动心忍性，增益其所不能。”

如果我们能像香菱那样，以一种无所畏惧的大愿大勇去追寻自己学语文的高远志向，那么，还愁何事不能成呢？

四

最后来说第三重境界："众里寻他千百度。蓦然回首，那人却在，灯火阑珊处。"

这重境界，其实不再是一种人为的努力，而是一种无为的天成。

这种境界带来的喜悦，一般人是很难体会到的。正如王国维所说：

> 今夫人积年月之研究，而一旦豁然悟宇宙人生之真理；或以胸中惝恍不可捉摸之意境，一旦表诸文字、绘画、雕刻之上，此固彼天赋之能力之发展，而此时之快乐，决非南面王之所能易者也。

言下之意，这种巅峰体验，恐怕连王侯之乐都无法交换。

我们看香菱学诗，最后写出来的是这样一首诗：

精华欲掩料应难，
影自娟娟魄自寒。
一片砧敲千里白，
半轮鸡唱五更残。
绿蓑江上秋闻笛，
红袖楼头夜倚栏。
博得嫦娥应借问，
缘何不使永团圆。

《嫦娥执桂图》 明·唐寅

香菱在尝试吟月诗的实践过程中，从几次挫折中逐渐悟出了门径。在第三首诗里，她一改前两首的毛病，紧贴题意，放开胆子写开去，把自己的生活感受融入诗作之中，从“月有阴晴圆缺”立意，寄情寓兴，抒发漂泊在外的游子和深闺怨女望月思乡、盼望团聚的感伤之情，同时也寄寓她自己对多年来不幸身世的抑郁伤怀，诗作水平呈现出一种质的飞跃。

首联点题，落笔不同凡响，势如破竹，抒发了对美好月光的赞叹之情。意思是说，一轮皓月破云而出，它所放射出来的纯净光华是任何东西也遮盖不了的。这一联像是警策之语，既直接抒写了她对美好事物终难埋没的信念，又含蓄地流露出她不甘人下、对学诗必定能够成功的勇气和决心。

颔联全在化用李白的诗意，借以抒发闺中女儿内心深处的幽怨之情。上句“一片砧敲千里白”，是化用李白“长安一片月，万户捣衣声”。用妇女月夜的捣衣声，来抒发她们思念远方亲人的情感。下句“半轮鸡唱五更残”，是化用李白的“峨眉山月半轮秋，影入平羌江水流”。抒发她们在寂静的月夜，期盼跟亲人团聚的情景。这一联的笔法已经显得非常娴熟。

颈联写的是游子与思妇在月下的愁绪。上句的“绿蓑”，指的是浪迹江湖的游子；下句的“红袖”，指的是独上高楼的思妇。如果说，上一联是从声音的角度、用广角镜头来抒写月夜的愁绪，那么，这一联则是从颜色的角度、用特写镜头来进一步抒写月夜的怅惘。诗的意境显得更加清幽、更加旷远。

最耐人寻味的，当然要数尾联了。按理说，嫦娥早已习惯了广寒宫的孤独和寂寞，但是，香菱一反常态，让习惯了孤独和寂寞的嫦娥发声自问道：为什么不让他们能够长长久久的团圆呢？我们联系香菱的身世就知道，这嫦娥何尝不是香菱自己呢？但她偏偏不直接说自己，而是借嫦娥替自己发出这样的人生感慨。这样一来，全诗的意境就显得跌宕起伏，曲折有致，余音绕梁，耐人寻味。

这首诗，不但黛玉满意，连众人也都交口称赞：“这首不但好，而且新巧有意趣。”

第三首诗的成功，标志着香菱步入了诗的象牙之塔，成为大观园众女儿中不可替代的一员。

那么，香菱的这首诗是怎么写出来的呢？《红楼梦》中这样写道：

> 各自散后，香菱满心中还是想诗。至晚间对灯出了一回神，至三更以后上床卧下，两眼鳏鳏，直到五更方才朦胧睡去了。一时天亮，宝钗醒了，听了一听，他安稳睡了，心下想：“他翻腾了一夜，不知可作成了？这会子乏了，且别叫他。”正想着，只听香菱从梦中笑道：“可是有了，难道这一首还不好？”宝钗听了，又是可叹，又是可笑，连忙唤醒了他，问他：“得了什么？你这诚心都通

了仙了。学不成诗，还弄出病来呢。”一面说，一面梳洗了，会同姊妹往贾母处来。原来香菱苦志学诗，精血诚聚，日间做不出，忽于梦中得了八句。

可以这样说，这是对“众里寻他千百度。蓦然回首，那人却在，灯火阑珊处”最富有诗性的诠释。

香菱在梦中成诗，其实也经历了三个阶段：

第一阶段，众里寻他千百度，也就是“绵密保任”。绵密保任本来是禅宗的一种修行功夫，指的是人在开悟之后，长期形成的妄念习气还不可能一下子消除，因此需要时时观照自己的念头、了了分明自己的觉知，一刻都不能放松，一点都不能懈怠。我们把它借用过来，是指“写出好诗”这个念头始终萦绕在香菱的心中，丝毫都不曾放松和懈怠。你看，晚间上灯，她满心中想的是诗；三更上床，她满心中想的是诗；五更睡去，她满心中想的还是诗。什么叫“满心中”？就是说，时时想着诗，处处想着诗；心心不停都是诗，念念不忘还是诗。想着诗，香菱可以忘了时间、忘了去处、忘了自己。她就是诗，诗就是她。她与诗融为一体。

第二阶段，蓦然回首，也就是“放下执念”。蓦然，不仅指突然、猛然，更是指一种不经意。不经意，就是放下刻意、放下专注、放下思虑。而回首，正是一种放下之后的松弛和随性。你看香菱，到五更睡去，天亮了，宝钗听了一听，见她安稳睡着。其实，睡觉本就是一种放松和放下。人一旦入睡，所有的清醒意识，什么愿望、意志、认知、思维、理性等，全都退场。大脑开始停止思虑，身体开始变得松弛，人进入了一种清静无为的状态。

第三阶段，那人却在，灯火阑珊处，也就是“豁然开朗”。你看香菱，从梦中笑道：“可是有了，难道这一首还不好？”原来，这最后的一首诗，是香菱在梦中完成的。用宝钗的话来说，“你这诚心都通了仙了”；用管子的话来说，“思之思之，又重思之。思之而不通，鬼神将通之，非鬼神之力也，精气之极也！”

这三个阶段作为一个有机整体，构成了大事业、大学问的第三重境界，也是最高的境界。用禅宗的话来形容，就是所谓的“万古长空，一朝风月”。这重化境，是功夫做到纯熟之后的自然而然。不是人力所能求到的，相反，你越是猛力追求，你越可能背道而驰。

香菱学诗，是王国维三重境界的一个文学样本。我们学语文，要成就一番事业、学问，也会经历香菱学诗那样的三重境界。其实，贯通这三重境界的灵魂只有一个——超越。

第一重境界，“昨夜西风凋碧树。独上高楼，望尽天涯路”是对尚未确立高远志向的超越；第二重境界，“衣带渐宽终不悔，为伊消得人憔悴”是对虽有志向却不能践行的超越；第三重境界，“众里寻他千百度。蓦然回首，那人却在，灯火阑珊处”是对践行虽能持之以恒却终究难以顿悟真谛的超越。一轮“三重境界”循环的结束，意味着新一轮“三重境界”循环的开始。超越，永无止境。正如尼采所说：“人是应该被超越的某种东西。”

让我们真诚地问一问自己：在语文学习中，你超越过自己吗？

“目极大江流，高情更超越。”正是在永无止境的超越中，我们让自己变得更加真诚、更加善良、更加美好！

这才是我们爱上语文的最大理由！